Mosaik bei
GOLDMANN

Buch

Ein einladender Flur, ein Esszimmer, das gute Gespräche fördert, ein Schlafzimmer, das besonders entspannend wirkt? Feng-Shui-Spezialist Paul Darby weiß Rat! Konkret zeigt er auf, wie die östliche Weisheit zur harmonischen Raumgestaltung genutzt werden kann, um den Energiefluss in Balance zu bringen. Für jeden Zimmerschnitt und jede Raumfunktion, für Anfänger wie Fortgeschrittene und mit anschaulichen Zeichnungen: gesünder und glücklicher leben mit Feng Shui.

Autor

Paul Darby, »The Feng Shui Doctor«, ist Großbritanniens bekanntester und beliebtester Feng-Shui-Spezialist. Er ist regelmäßig in verschiedenen Fernsehsendungen zu Gast und schreibt für Zeitungen und Zeitschriften. Er ist Mitglied der Feng Shui Society und war dort im Aufsichtsrat. Darby ist bei Privatleuten und Firmen gefragt und hilft bei der Gestaltung von Wohnungen, Häusern, Büros, öffentlichen Gebäuden und Gärten. Sein Spezialgebiet ist die praktische Umsetzung der Feng-Shui-Lehre im modernen Alltag. Mehr über Paul Darby unter www.fengshuidoctor.co.uk

Paul Darby

Feng Shui im Haus

Jahrtausendealtes Wissen für
harmonisches Wohnen

Aus dem Englischen von Stefanie Hutter

Mosaik bei
GOLDMANN

Die Ratschläge in diesem Buch wurden vom Autor und vom Verlag sorgfältig erwogen und geprüft, dennoch kann eine Garantie nicht übernommen werden. Eine Haftung des Autors bzw. des Verlags und seiner Beauftragten für Personen-, Sach- und Vermögensschäden ist ausgeschlossen.

FSC
Mix
Produktgruppe aus vorbildlich bewirtschafteten Wäldern und anderen kontrollierten Herkünften

Zert.-Nr. SGS-COC-1940
www.fsc.org
© 1996 Forest Stewardship Council

Verlagsgruppe Random House FSC-DEU-0100
Das für dieses Buch verwendete FSC-zertifizierte Papier *Munken Print* liefert Arctic Paper Munkedals AB, Schweden.

1. Auflage
Deutsche Erstausgabe Januar 2009

Originaltitel: The Feng Shui Doctor
Originalverlag: Duncan Baird Publishers Ltd, London
Umschlaggestaltung: Design Team München
Redaktion: Susanne Lötscher
Satz: Barbara Rabus
Druck und Bindung: GGP Media GmbH, Pößneck
CH · Herstellung: IH
Printed in Germany
ISBN 978-3-442-17037-1

www.mosaik-goldmann.de

Für Annie, Tigerlady, »Wind unter meinen Flügeln«,
meine Heldin, und das Energiebündel Keira Marie,
das neue Freude in meine Welt gebracht hat!

INHALT

TEIL III
Moderne Aspekte des Feng Shui

VORWORT

von Martin Shaw

Martin Shaw, der preisgekrönte britische Schauspieler, stand im Londoner Westend bereits in zahlreichen Hauptrollen auf der Bühne, etwa in *A Man For All Seasons* und als Elvis Presley in *Are You Lonesome Tonight*, trat aber auch am New Yorker Broadway auf. Außerdem spielte er in zahlreichen britischen TV-Serien, etwa *Judge John Deed*, *Always and Everyone* und *The Professionals* (Deutsch »Die Profis«).

Ich interessierte mich bereits jahrelang für feinstoffliche Energien und Mystik, als ich auf die Kunst des Feng Shui stieß. Mir war klar geworden, dass uns der sogenannte Fortschritt den Zugang zu den Schätzen alten Wissens sehr oft versperrt, das in Feng Shui eingeflossen ist. Die Skepsis vieler Menschen gegenüber dem Thema feinstoffliche Energien hatte uns zu lange in Ahnungslosigkeit verharren lassen. Nun stelle ich jedoch erfreut fest, dass die tieferen Wahrheiten dieses Wissens mehr und mehr in unser Leben Einlass finden.

Auf Feng Shui kam ich intuitiv, weil ich spürte, dass die »Ausstrahlung« eines Ortes nicht nur auf äußerliche Schönheit oder die kunstvolle Anordnung von Objekten und Möbelstücken zurückzuführen sein konnte. Mir fiel auf, dass manche Orte unmittelbar Frieden und Ruhe ausstrahlten, andere dagegen Chaos und Unbehagen.

Vor einigen Jahren war ich längere Zeit ohne Arbeit. Ich war knapp bei Kasse, man schuldete mir Geld. Ich kaufte mir ein Einführungsbuch über Feng Shui und stellte fest, dass es in den Bereichen für Geld und Karriere in dem Haus, in dem ich damals lebte, aus Feng-Shui-Sicht ziemlich düster aussah. Ich nahm Veränderungen vor, wie im Buch vorgeschlagen, und wartete. Drei Tage später erhielt ich das geschuldete Geld; und die Jobangebote kamen bald danach. Als ich den Feng-Shui-Berater Paul Darby dann in der Fernsehsendung *Richard and Judy* sah, war mein Interesse bereits geweckt. Doch erst Pauls dynamische Persönlichkeit und tiefe Überzeugung veranlassten mich, ihn um einen Besuch und eine Beratung bei mir zuhause zu bitten.

Mein Zuhause, ein altes Andachtshaus der Quäker, war voller Energien, Erinnerungen und Einflüsse. Paul brachte Stunden in meinem Haus zu und arbeitete. Mit seinem profunden Wissen und seiner beeindruckenden Intuition fand er heraus, welche Veränderungen ich brauchte, und wies mir den Weg, den ich gehen sollte. Dies war mit einer Umgestaltung und der Umstellung einiger Gegenstände verbunden. Das Ergebnis war unmittelbar befriedigend, was Aussehen und Ausstrahlung des Hauses betraf, eine tiefer gehende, allmähliche Anpassung meines Lebens innerhalb und außerhalb meiner vier Wände folgte jedoch. Heute fällt so gut wie jedem meiner Besucher die friedliche und positive Atmosphäre in meinem Haus auf, und ich selbst habe immer das zutiefst befriedigende Gefühl, dass meine Energien und die meines Hauses im Gleichgewicht sind.

Paul und seine Frau Annie sind mir gute, treue Freunde geworden. Pauls Stellung als Wissenschaftler und sein Doktortitel sprechen schon für sich, aber man braucht nur zehn Minuten mit ihm zusammen zu sein, um zu erkennen, was für ein bemerkenswerter Mensch er ist. Seine positive Einstellung und aktive Lebensfreude lassen uns lachen und stimmen uns unbeschwert und zuversichtlich. Pauls ungeheures Wissen und seine Ratschläge sind von bleibendem Wert. Er ist eine Naturgewalt, und ich hoffe, Sie werden mit diesem Buch eine faszinierende und lohnende Reise machen, die Ihnen Frieden und Harmonie schenkt. Feng Shui ist ein Meer der Weisheit und des Wissens. Tauchen Sie ein!

Martin Shaw

EINLEITUNG

Noch ein Buch über Feng Shui – aber dieses hier ist kein hübscher Bildband für Wohnzimmertisch oder Bücherregal. Es ist ein nützliches Buch, kein dekoratives, sondern eines, das man immer dabeihaben kann – in der Handtasche, im Heimwerkermarkt – wo man es gerade braucht.

Feng Shui ist eine alte chinesische Kunst, die Jahrtausende zurückreicht, sich aber mühelos auf das 21. Jahrhundert zuschneiden lässt. Dieses Buch beleuchtet die Überzeugungen und Bräuche, die Feng Shui zugrunde liegen, und vermittelt Ihnen ein Gefühl dafür. Es zeigt auch, wie Sie dieses jahrtausendealte Wissen praktisch umsetzen und Ihren Alltag danach ausrichten können.

Die Grundlagen des Feng Shui

Wörtlich übersetzt bedeutet *Feng Shui* »Wind-Wasser«. Damit ist die fließende Bewegung des Chi gemeint, jener Energie, die überall im Universum vorhanden ist. Zu Feng Shui gehören das Einschätzen und Anpassen der Energien in jedem Teil unserer Umwelt – Landschaft, Licht, Farbe, Räume, Gegenstände –, um den Fluss des Chi in und um uns zu verbessern. Alles in Ihrer Welt beeinflusst Sie. Sie wirken umgekehrt auch auf die Energien in Ihrer Umgebung und können diese Energien bewusst verändern.

Was Feng Shui ist – und was es nicht ist

Manche Menschen fragen, ob es bei Feng Shui nur darum gehe, Möbelstücke zu verrücken – worauf ich gerne antworte: »Nein – Sie sprechen von einer anderen uralten mystischen chinesischen Errungenschaft namens Möbelwagen!« Bei Feng Shui geht es jedoch vor allem darum, mittels wohl durchdachter Arrangements von Raum und Objekten einen natürlichen Energiefluss zu erzeugen, der Wohlbehagen vermittelt.

Wie Feng Shui in Ihr Leben passt

Nach traditioneller chinesischer Weltanschauung gilt Feng Shui als einer der fünf Bereiche eines guten Lebens. Diese Bereiche werden meist in der Reihenfolge ihrer Bedeutung genannt: Schicksal (Karma) ist, was uns in diesem Leben als Folge unserer guten oder schlechten Taten aus früheren Leben erwartet. Glück ist das gute oder schlechte Los, das uns aufgrund unseres Handelns in diesem Leben zuteilwird. Feng Shui ist die Art, wie wir mit unserer materiellen und spirituellen Umgebung interagieren. Tugend und Wissen sind die persönlichen Eigenschaften, die wir für unseren eigenen Erfolg einsetzen können.

Gemäß dieser Weltanschauung sind wir nicht gänzlich Herr über unser Leben, sind dem Schicksal aber auch nicht hilflos ausgeliefert. Wir werden durch Erbe und Umwelt beeinflusst, können aber dennoch unsere Stärken ausbauen und an unseren Schwächen arbeiten, um unsere Lebensumstände zu verbessern. Feng Shui macht es uns möglich, unsere Umgebung zu verstehen und zu verändern, und ist damit eine Methode, unser Leben zu verbessern.

Weisheit mit Tradition

Vor Hunderten von Jahren befassten sich die Meister des Ostens mit Feng Shui und fanden heraus, auf welche Weise die als »Chi« bezeichnete Energie das Universum durchströmt. Mit Hilfsmitteln wie dem Bagua (einer Schablone, auf der die Energien aller Himmelsrichtungen verzeichnet sind; siehe Seite 184), konnten sie das Chi lenken und Karriere, Gesundheit und Beziehungen der Menschen verbessern. Ihre Lehren bilden, in moderner Interpretation, die Grundlage dieses Buches. Kapitel 1 zeigt uns, wie sich die Vorstellungen der Meister im Lauf der Zeit entwickelten. Kapitel 2 beschreibt die Muster, die sie in allen Objekten und Räumen erkannten.

Wenn wir Feng Shui anwenden, bringen wir den »Himmel zurück auf die Erde«, wie die alten Meister zu sagen pflegten. Sie beschrieben die Anwendung von Feng Shui auch als »das Übermaß wegnehmen und auf dem Phönix reiten« – wobei der Vogel Phönix für Erfolg und Vollendung steht.

Das Universum und wir

Grundannahme des Feng Shui ist, dass wir in einer wirbelnden Masse schwingender Energie leben. Die Muster, die sie bildet, verbinden das Universum in einem großen »kosmischen Tanz«. Das Chi pulsiert in endlosen Rhythmen von Schöpfung und Zerstörung, die die Feng-Shui-Meister als »Werden und Vergehen« bezeichneten. Diese Vorstellung findet sich heute in der Naturwissenschaft wieder.

In der Quantenphysik deutet einiges darauf hin, dass Körper, auch unsere Körper, nicht fest, sondern rotierende, aus geladenen Teilchen bestehende Massen sind, die beständig mit den Teilchen aus der Umgebung interagieren. Einstein bezeichnete diese Aktivität als »Zitterbewegung«. Ein anderer Physiker sagte: »Jedes Mal, wenn Sie einen Toaster verwenden, verändern sich die Schwingungen in dem Energiefeld um ihn herum ein bisschen ... in der gesamten nahen Umgebung.« Wir schwingen wie Stimmgabeln, so wie alle anderen Dinge auch, in einem elektromagnetischen Fluss, der einem harmonischen Muster folgt.

Schwingungen wahrnehmen

Wir Menschen nehmen unsere Welt aufgrund von Schwingungen wahr. Ganz offensichtlich ist das bei Licht und Schall;

weniger auffällig ist elektromagnetische Energie. Wir reagieren auf diese Schwingungen mit positiven oder negativen Gefühlen.

Vermutlich haben Sie diese Wirkung schon selbst beobachtet. Haben Sie vielleicht eine Lieblingsmusik, bei der Sie sich glücklich oder entspannt fühlen? Tragen Sie zu Bewerbungsgesprächen, zum Entspannen oder zum Flirten immer eine bestimmte Farbe? Wirken bestimmte Häuser oder Räume auf Sie besonders einladend? Oder fühlen Sie sich dort besonders unwohl?

Das energetische Gleichgewicht wiederherstellen

In den letzten Jahrhunderten hat der Mensch den natürlichen Fluss des Chi auf vielfache Weise verzerrt. Wir haben die Luft mit Abgasen aus Fahrzeugen und Kraftwerken verschmutzt, Chemikalien in Flüsse geleitet und durch Stromnetze und Handymasten schädliche Strahlung verursacht. Diese Schäden führen zu einem belastenden Zustand, den die alten Meister als »entweichende Lebenskraft« bezeichneten.

Das ist jedoch kein Grund zur Verzweiflung; Feng Shui kann Ihnen helfen, diese Energien zu stabilisieren oder sogar zu Ihrem Vorteil einzusetzen. In Teil II und III dieses Buches finden Sie ganz viele Ratschläge, wie Sie Energieschwund und -blockaden aufheben, stagnierendes Chi beleben und sich selbst vor schädlichen energetischen Schwingungen zuhause und auch außerhalb Ihrer vier Wände schützen.

Das Chi harmonisieren

Alle Veränderungen an Farben, Gegenständen, Licht oder Klang harmonisieren das Chi neu und verändern seine Schwingungseigenschaften. Energie wird auch durch die Wechselwirkung zwischen Gegenständen und ihrer Umgebung erzeugt. So kann eine Zimmerpflanze beispielsweise das gute Chi stärken, wenn sie im Wohnzimmer steht, im Schlafzimmer könnte ihre Energie dagegen störend wirken.

Damit Sie von der bestmöglichen Wirkung profitieren können, ist die richtige Kombination von Objekten und Raum entscheidend. Achten Sie stets auf Ihre Umgebung – darauf, wo Sie arbeiten, schlafen, sich entspannen, essen oder wohin Sie sich zum Kuscheln mit dem Partner zurückziehen. So wie Sie über Ihre Kleidung nachdenken, versuchen Sie auch Energie zu erzeugen, die für Sie angenehm ist. Ideal ist ein Gleichgewicht zwischen Dauerhaftigkeit und Anpassungsfähigkeit, ein Zustand, den die Feng-Shui-Meister als *Ou-Yeh Mo-Yeh* bezeichneten – das sorgfältige »Gießen eines Schwertes« – damit seine Klinge stark und seine Kraft wirkungsvoll ist.

Was bringt Ihnen Feng Shui?

Feng Shui ist keine Zauberei Es kann Sie weder über Nacht erfolgreich machen noch Sie von allen Schwierigkeiten des Lebens befreien. Es kann jedoch Glücksphasen verstärken und Sie in schwierigen Zeiten unterstützen.

Wenn Sie die Saiten einer Gitarre stimmen, erhöhen sich die Chancen, dass Sie harmonische, wohlklingende Musik darauf spielen können. Sie müssen jedoch immer noch lernen, wie man Gitarre spielt. Ein regelmäßiger Auto-Service ist keine Garantie für unfallfreies Fahren, bedeutet aber sehr wohl, dass Sie bei einem Unfall bessere Überlebenschancen haben, weil alles gut funktioniert. So ist das auch bei Feng Shui. Die Energien, die Sie umfließen, wirken sich darauf aus, wie Sie sich fühlen – wenn sie gefördert und harmonisiert werden, fließen sie im Einklang mit Ihrer Person.

Die Kraft spüren

Ich kann Ihnen zeigen, wie Feng Shui wirkt, wenn ich Ihnen erzähle, wie ich dazu gekommen bin. Ich litt an einem schweren chronischen Erschöpfungssyndrom und musste meinen Beruf als Schulleiter vorzeitig aufgeben. Ich versuchte es mit Ernährungsumstellung und Vitaminpräparaten, aber nichts half. Dann schlug mir mein Arzt Meditation und östliche Philosophie zur Wiederherstellung meiner Leistungsfähigkeit vor.

Ich begann mit Meditation, Tai Chi und Qigong und harmonisierte meine Umgebung mit Feng Shui. (Manchmal bezeichne ich Feng Shui sogar als Tai Chi oder Akupunktur für Ihre Umgebung.) Während sich der Energiefluss in mir und um mich allmählich verbesserte, ging es mir besser. Ich fuhr fort, meine Kenntnisse in allen möglichen Situationen einzusetzen, vom Ausgleich der Energien im Millennium Stadium in Cardiff, Wales, bis zu privaten Beratungen zur Verbesserung von Gesundheit, Karriere und Beziehungen bei einzelnen Personen.

Ich möchte damit nicht sagen, Feng Shui sei ein Wunderheilmittel. Es kann Ihnen dabei helfen, ein Umfeld zu schaffen, in dem es Ihnen gut gehen kann, doch wenn Sie Ihr Leben verändern wollen, müssen Sie selbst die Entscheidungen treffen und umsetzen. Um es mit einem buddhistischen Spruch zu sagen: »Ich kann Ihnen die Fahrkarte geben, aber in den Zug einsteigen müssen Sie selbst.«

Der Beginn Ihrer Reise

Sie stehen am Beginn einer faszinierenden Entdeckungsreise. Sie müssen nicht an die Symbolik glauben – probieren Sie einfach nur die Ratschläge aus. Wenn Sie an Ihrem Zuhause oder Büro arbeiten, werden Sie feststellen, dass Ihr Umfeld zunehmend harmonischer wird, und in Ihrem Leben Veränderungen zum Besseren beobachten. Manchmal können Verbesserungen ziemlich rasch eintreten; manchmal brauchen sie länger – Sie müssen einfach Geduld haben. Feng Shui kann tiefgreifende Auswirkungen auf Ihr Leben haben, aber es ist keine Sofortlösung.

Feng Shui ist nur ein Teil im Puzzle des Lebens, aber ein wichtiges Teil, mit dessen Hilfe Sie das Gesamtbild erkennen. »Anwenden, genießen, leben« lautet die Devise. Feng Shui kann letztlich jedem helfen, so wie es mir so sehr geholfen hat.

»Dies ist der Moment des Aufbruchs.
Günstig stehen alle Zeichen.«

Chinesisches Sprichwort

WIE MAN DIESES BUCH VERWENDET

Feng Shui ist eine ausgetüftelte, komplexe Kunst. Ein sachkundiger Berater wird in einer ausführlichen Beratung eine maßgeschneiderte Kombination von Energien schaffen, die dem Klienten, der Energie seines Umfelds und den von ihm gewünschten Lebensveränderungen entspricht. Die grundlegenden Konzepte und Methoden sind jedoch für jedermann leicht zu erlernen.

Praktische Informationen

Um Feng Shui anzuwenden, müssen Sie die Energien erkennen, die in jedem Teil eines Raumes aktiv sind. Auf den nächsten Seiten erfahren Sie, wie das geht: Sie zeichnen zunächst einen Grundriss des Raumes und legen auf diesen dann eine Schablone, das sogenannte Bagua (siehe Seite 184), das den Raum in neun Sektoren teilt.

Teil I dieses Buches liefert die Hintergrundinformation für Ihre Arbeit und erläutert die Eigenschaften der unterschiedlichen Energietypen, auch der Energien in jedem Sektor des Bagua. Teil II enthält Richtlinien, wie man aus jedem Raum das Beste macht, egal wo er liegt, und eventuelle Probleme löst. Teil III zeigt Ihnen, wie Sie mit den Energien umgehen, die Ihr Heim umgeben, und wie Sie das Chi dort beleben, wenn Sie es renovieren oder verkaufen.

Am Ende des Buches finden Sie einige praktische Hilfsmittel: Anleitungen, welche Farben und Accessoires Sie in den unterschiedlichen Bereichen verwenden können, und ein Glossar.

Moderne Lösungen

Ich versuche, alles möglichst einfach darzustellen und dem modernen Geschmack anzupassen. So gehören zu meinen Hilfsmitteln gewöhnlich Dinge, die Sie vielleicht schon haben, etwa Bilder, und nicht unbedingt spezielle Feng-Shui-Gegenstände wie Buddha-Figuren und dreibeinige Kröten. Und ich zeige auch, dass moderne Technik, also Fernseher, Computer und dergleichen, von Vorteil sein kann, ohne Ihnen Energie zu rauben.

Das Bagua – ein wichtiges Hilfsmittel

Das Chi – die Energie – eines Raumes kann verschiedene Formen annehmen. Es kann Yin oder Yang sein (siehe Seite 43f.); es kann von einem Element wie Metall, Erde oder Wasser (siehe Seite 44f.) dominiert werden; oder es kann mit den Hauptpunkten des Kompasses, im Feng Shui als »Acht Himmelsrichtungen« bezeichnet (siehe Seite 47f.), verbunden sein.

Das vollständige Bagua (siehe Seite 184; der Name bedeutet »acht Formen«) zeigt, welche Eigenschaften, Farben und Elemente mit jeder der acht Himmelsrichtungen verbunden sind. Das vereinfachte Diagramm (siehe Seite 22) zeigt nur die acht Himmelsrichtungen und die Mitte. Bei der Benutzung des Bagua liegt Süden immer oben und Norden immer unten.

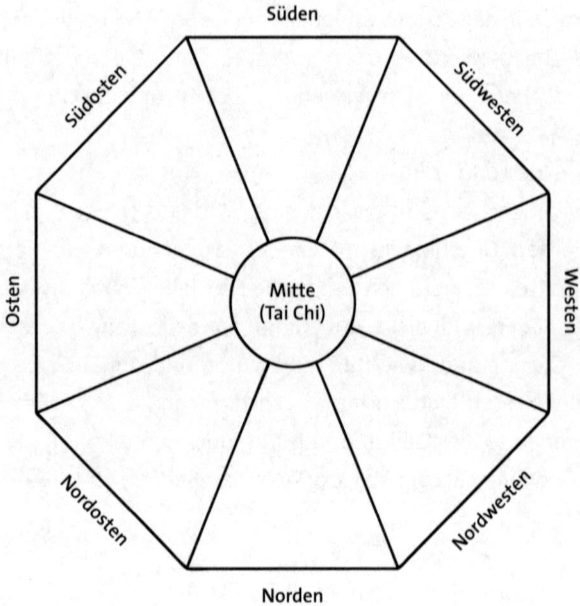

Am besten verwendet man ein vollständiges Bagua (siehe Seite 184), das auf eine transparente Overheadfolie gedruckt oder kopiert wird, damit man es auf den Wohnungsgrundriss legen kann, der dann sichtbar bleibt.

Einen Grundriss zeichnen

Sie brauchen Papier (am besten kariertes), Bleistift, Kugelschreiber und einen Kompass. Zeichnen Sie zunächst einen Grundriss wie in dem Beispiel auf Seite 23. Ist das Haus quadratisch oder rechteckig, zeichnen Sie es eben so, wie es ist, möglichst maßstabsgetreu. Hat das Haus jedoch eine ungewöhnliche Form,

Beispiel für einen Grundriss

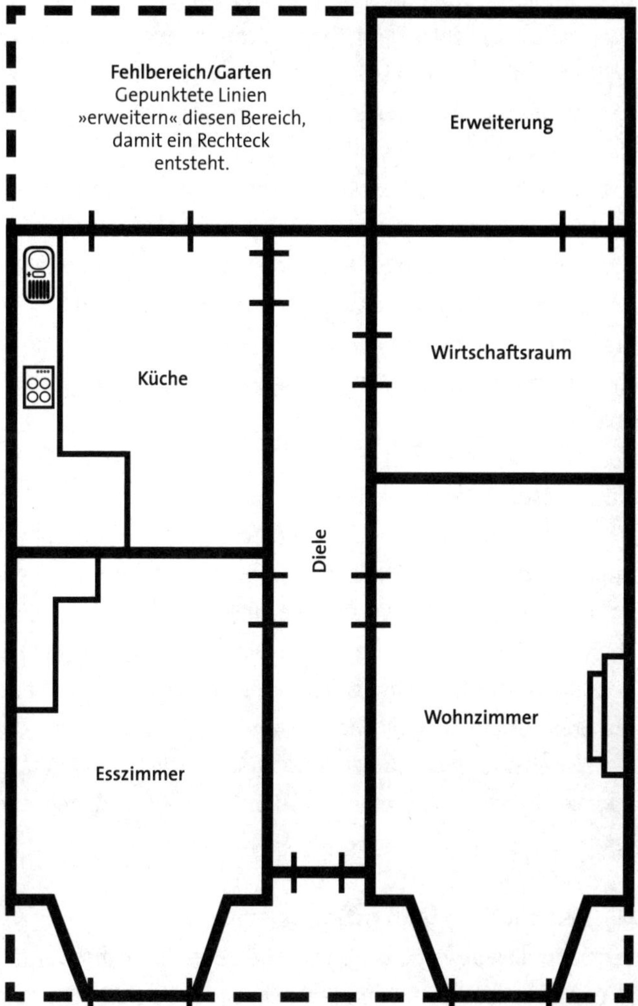

verlängern Sie die Linien an den Ecken mit einer gepunkteten Linie, um die »fehlenden« Bereiche auszugleichen, so dass ein Quadrat oder Rechteck entsteht. Zeichnen Sie dann die Räume im Verhältnis ihrer Größe ein; man sollte beispielsweise erkennen, ob die Küche kleiner ist als die Diele und ob das Wohnzimmer größer ist als das Esszimmer.

Zeichnen Sie in jedem Raum Türen und Fenster ein sowie feste Einrichtungsgegenstände wie Badewanne, Herd, Küchenschränke und Kamin oder Kachelofen. Hat das Haus zwei Etagen, zeichnen Sie für jede Etage einen Grundriss und markieren die Position der Treppe. Achten Sie darauf, dass die Grundrisse für die beiden Etagen deckungsgleich sind, wie auch in der Realität.

Den Mittelpunkt finden

Nehmen Sie als Nächstes die Diagonalen zu Hilfe, um den Mittelpunkt zu finden. Ziehen Sie Diagonalen zwischen gegenüberliegenden Ecken. Wo sich die Diagonalen schneiden, machen Sie einen schwarzen Punkt. Dieser Mittelpunkt *(tai chi)* wird als »Erde« bezeichnet. Gibt es Fehlbereiche, die durch gepunktete Linien ausgeglichen werden, ziehen Sie die Diagonalen zwischen den Eckpunkten des so entstandenen Quadrates oder Rechtecks, nicht zwischen den Ecken des tatsächlichen Raumes.

Himmelsrichtungen bestimmen

Legen Sie die Bagua-Schablone (siehe Seite 22) auf Ihren Grundriss, so dass die Mitte über dem schwarzen Punkt im Zentrum des Grundrisses zu liegen kommt. Gehen Sie nun an diesen zentralen Punkt in Ihrem Zuhause und bestimmen Sie mit einem Kompass, wo Norden ist.

Sie werden die Himmelsrichtungen auch noch an der vorderen Eingangstür, der Hintertür und in einigen Räumen ablesen müssen, damit der Norden auch wirklich genau bestimmt ist. (Befinden sich in der Nähe des Kompasses viele Metallgegenstände oder elektrische Einrichtungen, können diese den Kompass stören und das Ergebnis verfälschen.) Richten Sie nun den nördlichen Sektor Ihres Bagua nach dem Kompassnorden aus.

Das Bagua auf den Grundriss übertragen

Tragen Sie nun alle Bagua-Sektoren, auch die Mitte, in Ihrem Plan ein. Hat das Gebäude zwei oder mehr Etagen, tragen Sie die Sektoren für jede Etage ein. Beginnen Sie mit dem Grundriss für die unterste Etage, und legen Sie dann den Grundriss für die jeweils nächste Etage darüber, so dass die Umrisse genau deckungsgleich sind. Halten Sie beide Pläne gegen eine Fensterscheibe, so dass Sie die Markierungen für die untere Etage in den Grundriss für die obere übertragen und die Bagua-Sektoren einzeichnen können.

Vergessen Sie Garten und Hof nicht

Wenn Sie einen Garten oder Hof von mittlerer Größe haben (nicht mehrere Tausend Quadratmeter), verlängern Sie die Bagua-Sektoren einfach über das Haus hinaus, bis der ganze Garten abgedeckt ist. Ist das Grundstück jedoch riesengroß, müssen Sie die Diagonalen über den gesamten Grundriss ziehen und das Bagua darüberlegen. Auch hier gilt: Ist der Grundriss nicht quadratisch oder rechteckig, ergänzen Sie Fehlbereiche, indem Sie die Linien gepunktet verlängern wie beim Hausplan.

Das fertige Diagramm

Das Bagua wird Ihren Grundriss in acht »Kuchenstücke« und ein Zentrum teilen, wie das Diagramm rechts zeigt. Sie sehen nun, welche Räume in welcher Etage in welchem Bagua-Sektor liegen. Manche Räume werden sich über mehrere Sektoren erstrecken (das Wohnzimmer kann sich beispielsweise über Süden und Südwesten ausdehnen); das ist normal. Das Diagramm zeigt auch, welche Bagua-Sektoren durch Fehlbereiche zu kurz kommen oder durch Erweiterungen vergrößert werden, wenn das Haus oder Grundstück eine unregelmäßige Form aufweist. Mit der Information, die Ihnen das fertige Diagramm liefert, werden Sie das Chi in diesem Bereich einschätzen und verändern können.

Bagua auf Grundrissbeispiel

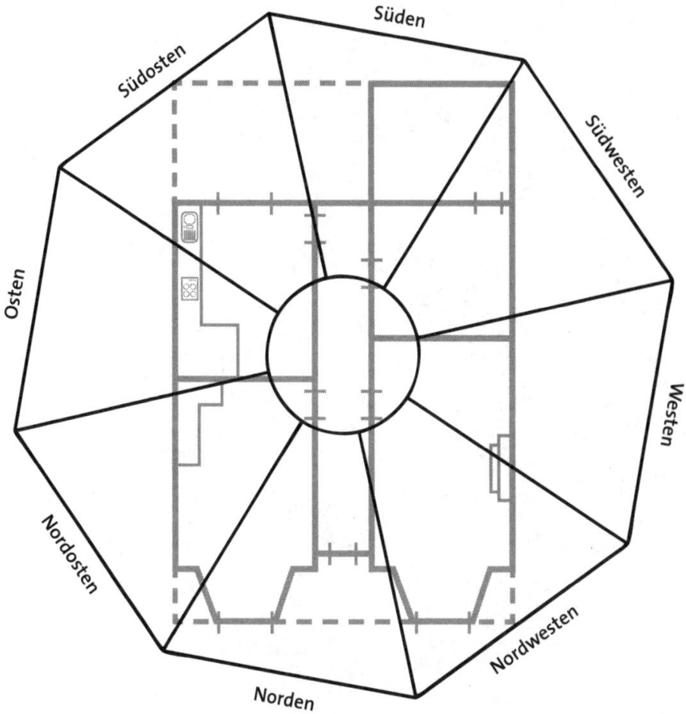

風水表征

TEIL I

Grundlagen des Feng Shui

Feng Shui ist die Lenkung und harmonische Vermischung des Chi, der feinstofflichen Energie, die das gesamte Universum durchströmt. Es beinhaltet sowohl mystische Vorstellungen als auch praktische Methoden. Obwohl es bereits vor Tausenden von Jahren in China entstand, sind seine Legenden und Traditionen auch heute noch für unser Leben von Bedeutung. Dieser Teil macht Sie mit den Gedanken und Überzeugungen vertraut, die dem Feng Shui zugrunde liegen, damit Sie etwas Einblick in diese alte Kunst erhalten.

Kapitel 1

GESCHICHTE DES FENG SHUI

Alte Weisheit

Feng Shui ist über viele Jahrhunderte hinweg gewachsen, weil es Praktisches und Spirituelles verbindet. Seinen Ursprung hat es im alten China, wo die Menschen sehr auf die Natur achteten. Wie viele alte Völker erklärten sie die Erscheinungen in ihrer Welt mit Symbolen und Metaphern. Dieses Kapitel zeigt, wie die alten Chinesen die tägliche Beobachtung mit ihren spirituellen Überzeugungen verbanden und daraus jenes Feng Shui entstehen ließen, das wir heute kennen.

Die Grundprinzipien

Grundidee des Feng Shui ist, dass unsere Umgebung feine spirituelle Energie enthält und abgibt. Zu Anfang assoziierten die Chinesen verschiedene Erscheinungen in der Landschaft mit bestimmten Formen von Energie und diese wiederum mit Symboltieren. Später verwendeten sie einen Kompass zur Bestimmung der Energien an verschiedenen Orten. Die mit Feng Shui verbundenen spirituellen Überzeugungen wurzeln in der alten chinesischen Philosophie des Daoismus (siehe weiter unten), der eine Erklärung für den Fluss spiritueller Energie, des Chi, durch das Universum und auch uns selbst lieferte.

Ursprünge des Feng Shui

Das Bewusstsein für feinstoffliche Energien in der Landschaft scheint in vorgeschichtlicher Zeit entstanden zu sein, einfach aus der Naturbeobachtung der Menschen: aus der Betrachtung der Bäume, der Berge, des Wassers und des Wetters, aus dem Leben in Harmonie mit der Umgebung. In China war den Menschen besonders die Macht des Windes, auch Taifuns *(feng)*, und des Wassers, auch der Fluten *(shui)*, bewusst.

Feng Shui selbst entstand in den Bergen Nordchinas vor 4000 bis 5000 Jahren. Die erste praktische Anwendung bestand in der Positionierung von Grabsteinen. Damit eine lebende Familie Glück hatte, mussten die Gräber ihrer Ahnen nach damaliger Ansicht vor Taifunen oder Überflutungen geschützt sein. Beschädigte Gräber bedeuteten für die alten Chinesen Unglück oder Bankrott für drei Generationen. Aus diesem Grund bewerteten die Menschen die Landschaft sorgfältig nach Dingen wie Hügeln, Bäumen und Gebäuden, die bestimmte Orte vor Wind schützten. Sie achteten auch darauf, Orte zu meiden, die zu nahe an Flüssen oder Strömen lagen, wo es zu Überflutungen oder Bodenerosion kommen konnte. Allmählich begannen sie, dieses Wissen auch zum Schutz ihrer Felder und Häuser einzusetzen.

Die vier himmlischen Tiere

In vorgeschichtlicher Zeit verbanden die Chinesen die Haupthimmelsrichtungen (Norden, Süden, Osten und Westen) mit besonders starken Energien. Symbolisch dargestellt wurden diese Energien durch die vier himmlischen Tiere: Schildkröte,

古代的才智

Die vier himmlischen Tiere

	Schildkröte	**Drache**	**Phönix**	**Tiger**
Richtung	Norden	Osten	Süden	Westen
Farbe	Schwarz	Grün	Rot	Weiß
Element	Wasser	Holz	Feuer	Metall
Symbol für	Schutz, Fortschritt	Glück	Erfolg, Vollendung	Schöpferische Energie

Drache, Phönix und Tiger. Bilder dieser Tiere hat man auf bis zu 4000 Jahre alten Tonwaren gefunden.

In der chinesischen Mythologie waren die vier Tiere ursprünglich Sternenkonstellationen. Sie fielen bei einer Schlacht, in der sich die Chinesen gegenseitig bekämpften, zur Erde; die Krieger machten so viel Lärm, dass die Konstellationen vom Himmel vertrieben wurden. Die schwarze Schildkröte fiel in den Norden und wurde als »Schützender Krieger« bekannt. Der rote Phönix fiel in den Süden und wurde zum Symbol für Erfolg und Vollendung. Der grüne Drache fiel in den Osten und wurde zum Symbol des Glücks. Der weiße Tiger fiel in den Westen und wurde zum Symbol der Kreativität.

Die Energie des Nordens gewährte Schutz und Fortschritt und wurde mit Wasser assoziiert (siehe *Die fünf Elemente*, Seite 44f.). Jene des Ostens förderte Wachstum und Ehrgeiz und wurde dem Holz zugeordnet; es war eine sehr männliche, also Yang-betonte Energie (siehe *Yin und Yang*, Seite 43f.). Die Energie des Südens war warm, leidenschaftlich und freundlich und wurde mit Feuer in Verbindung gebracht. Die dem Metall zugeordnete Energie des Westens war schöpferisch, aber unberechenbar und gefährlich und musste im Zaum gehalten werden; sie war eine sehr weibliche, also Yin-betonte Energie. Im Feng Shui wird heutzutage noch immer mit den Energien der himmlischen Tiere gearbeitet.

Die Energien der Tiere in der Landschaft

Die vier himmlischen Tiere stellen, so sagt man, große Kräfte in der Landschaft um jedes Gebäude herum dar. Der gewundene Drache soll sich im Osten eines Standortes befinden, der schlafende Tiger im Westen, der Phönix im Süden und die Schildkröte findet man im Norden.

Gemäß Feng Shui sollte der ideale Ort für ein Gebäude höhere Erhebungen hinter dem Gebäude und östlich davon aufweisen, um dem Drachen Platz zu bieten; für den Tiger sollten es niedrigere Hügel im Westen und für den Phönix ein kleiner Hügel im Süden sein. Diese Prinzipien gelten auch heute noch, wenn Menschen mit Hilfe von Feng Shui die Lage eines Hauses analysieren (siehe Seite 162) oder die Gestaltung eines Gartens oder Hofes planen (siehe Seite 137f. und 147ff.).

Drache und Tiger sind die stärksten Energien. Sie sollen miteinander verbunden sein, damit jeder Ort von einer Kombina-

tion ihrer Energien profitiert. Man sagt, wo immer der Drache sich befinde, lebe auch der Tiger. Aus diesem Grund und weil die Energie des Tigers so unberechenbar und gefährlich ist, lehrt Feng Shui, dass man in Haus oder Garten keine Bilder oder Symbole für Tiger einsetzen sollte.

Die Himmelsrichtungen

Anfangs ging es beim Feng Shui ausschließlich darum, die Energien von Hügeln und anderen Landschaftsformen zu analysieren. Als sich die Tradition in den Süden Chinas ausbreitete, wo das Land flacher ist und weniger charakteristische Merkmale aufweist, mussten Feng-Shui-Kundige andere Methoden finden, um den Energiefluss einzuschätzen. Sie begannen, einen Kompass einzusetzen – ursprünglich war das ein Metalllöffel, der mit Magneteisenstein magnetisiert worden war und in einer Schüssel mit Wasser schwamm –, um die Energien der einzelnen Orte aufzuspüren. Der Kompass wurde im Feng Shui übrigens Hunderte von Jahren früher eingesetzt als in der Schifffahrt. So wurde jede der acht Himmelsrichtungen zur Entsprechung für eine bestimmte Form von Energie (siehe Seite 47f.).

Der Einfluss des Dao

Der Daoismus, die dem Feng Shui zugrunde liegende Philosophie, hat seinen Ursprung in den Werken des Laotse, der im 6. Jahrhundert vor Christus gelebt haben soll. Er schrieb ein Buch mit dem Titel *Dao de jing*, das von der Natur des Lebens in Harmonie mit dem Universum erzählt und viele Ideen des Daoismus und des Feng Shui vereint. Dao definiert sich als das schöpferische Nichts, aus dem alle Dinge entstehen. Aus dem Dao kommt das Chi, die spirituelle Energie, die im gesamten Universum und in jedem Gegenstand vorhanden ist. Alle Dinge in unserem Universum nehmen Chi auf, enthalten Chi und geben es ab, und dieses gesamte Chi verbindet sich zum Dao, der schöpferischen Energie hinter und in allem. Die Bewegung des Chi stellt man sich als fortwährenden, gewundenen Fluss vor. Für Daoisten ist das Universum eine große Einheit, wie ein Wandteppich, in dem jeder Stern, jedes Lebewesen, jeder Stein und jeder Wassertropfen ein wichtiger Faden ist, der all die anderen Fäden mit zusammenhält. Dieses Gleichgewicht ist das Grundprinzip jeder Existenz.

Die Lehren des Daoismus und des Feng Shui wurden von Meistern verbreitet – Experten, die in ihren Gemeinden als spirituelle Berater fungierten. Um die Schwingungen des Chi in den Menschen und ihrer Umgebung zu verbessern, wendeten die Meister spezielle Methoden an, in denen praktischer Menschenverstand und mystische Elemente oftmals eng verwoben waren. Sie mischten verschiedene Energien unter Verwendung der ergänzenden Eigenschaften von Yin und Yang (siehe Seite 43f.) und der Elemente Erde, Feuer, Wasser, Metall und Holz (siehe Seite 44f.). Diese Harmonisierung des Chi-Flusses steht heute noch im Zentrum des Feng Shui.

Die Beobachtung der Natur

Daoisten lebten einfach und naturverbunden. Ihre Ideale waren, einen Zustand der schöpferischen Leere *(wu)* und Einfachheit *(pu)* zu erreichen und im Nichthandeln *(wu wei)* zu existieren, einem Zustand, den sie als reines Sein statt Tun definierten. Sie glaubten, dass Erleuchtung sich nicht durch intensives religiöses Beten oder durch Theorie einstelle, sondern durch die genaue Beobachtung der Natur, der Landschaften, des Wetters, der Jahreszeiten und insbesondere des Wasserflusses. Auf diese Weise konnte man in Harmonie, das heißt: in Resonanz mit dem Chi leben, das es in einem selbst und in der Umgebung gab.

Sanft gewellte Landschaften mit mäandernden Wasserflüssen sind eine Darstellung des Dao. Die Daoisten schätzten die Einsamkeit der Berge und glaubten, oben auf dem Berg den Quellen des Chi näher zu sein als irgendwo sonst. Sie beschrieben hügelige Landschaften als schlafende Drachen, Flüsse als Drachenadern, in denen das Blut strömte, und die Energien des Chi als »Atem des Drachen« (siehe auch Seite 51f.).

Die Meister des Daoismus hielten ihre Gemeinden an, sorgsam mit der Umwelt umzugehen. Ihre Anweisungen waren oft sehr praktischer Natur. So rieten sie beispielsweise davon ab, an Hängen viele Bäume zu fällen, weil dies zu Murenabgängen führen könne, und sie empfahlen, nicht zu nahe an den Biegungen reißender, hochwassergefährdeter Flüsse zu bauen.

Die Wirkung des Chi auf höherer Ebene

Wie wir gesehen haben, glaubte man, dass sich Hügel, Bäume und andere Landschaftsformen auf den Fluss des Chi auswirkten. In der Landwirtschaft war Chi die Lebenskraft, die Feldfrüchte, Blumen, Sträucher und Bäume wachsen ließ. Der Fluss des Chi war jedoch auch noch auf weit höherer Ebene erkennbar.

Die Energien, die mit den Himmelsrichtungen assoziiert wurden, ließen sich beispielsweise in China selbst ausfindig machen. Die Hauptstadt Peking lag im Norden, wo die Energien Fortschritt in der Karriere fördern. Dorthin wurden diejenigen geschickt, die alle Beamtenprüfungen bestanden hatten (und davon gab es nicht wenige), um für den Kaiser oder die Regierung zu arbeiten. Der Nordosten hängt mit Bildung und Spiritualität zusammen, weshalb viele heilige Stätten der Daoisten und Buddhisten sowie Bildungsstätten genau dort lagen.

Im Osten, wo die Energien Wachstum, Gesundheit und Glück förderten, befanden sich fruchtbare Böden und große Flüsse. Im Südosten lagen die Häfen, deren Reichtum die überreichen Energien dieses Sektors widerspiegelte. Im Süden verbanden große Häfen wie Shanghai China mit der übrigen Welt und verkörperten die lebhafte, kontaktfreudige Energie dieses Teils. Im Südwesten lagen die Wüste Gobi und der Himalaja, wo Familien zusammenarbeiten und starke Beziehungen knüpfen mussten, um zu überleben. Im Westen und im Nordwesten begann die Seidenstraße, die nach Westen, in den Nahen Osten, führte und dafür sorgte, dass neue Ideen und Einflüsse nach China gelangen konnten. Die Chinesische Mauer erstreckte sich über die nordwestliche, nördliche und nordöstliche Grenze und schützte das Land vor Invasionen.

古代的才智

Chi im Körper

Die Meister des Feng Shui betrachteten auch den menschlichen Körper als Land. Die Umwelt stellte für sie die »äußere Landschaft« dar, der Körper die »innere Landschaft«. Die beiden Landschaften hingen zusammen und beeinflussten einander; insbesondere die größere Landschaft um die Menschen herum beeinflusste die kleinere Landschaft des Körpers.

Wie die äußere Landschaft hat auch die innere Landschaft des Körpers eine »Drachen«-Seite, nämlich die linke Seite, und eine »Tiger«-Seite, die rechte. Der Kopf entspricht dem Nordosten, Norden und Nordwesten. Der Nordosten ist für Bildung und Spiritualität zuständig; der Norden hängt mit Schutz (etwa dem Schutz durch den Schädel) und Fortschritt zusammen; und der Nordwesten wird mit der Beseitigung von Hindernissen assoziiert. Die Mitte des Körpers, fünf bis acht Zentimeter unter dem Bauchnabel, birgt das Energiezentrum »Tan Tien«, wo die körperliche Energie erzeugt werden soll. Verdauungssystem und Harnwege sind wie fließende Ströme und Wasserfälle, die Abfall abtransportieren und für ein gutes Funktionieren des Körpers sorgen.

Die Energien des Körpers kanalisieren

Daoisten betrachteten den Körper, wie das Dao selbst, als Einheit. Solange alle Teile zusammenarbeiteten, blieb der Körper gesund; Konflikte hingegen zerstörten ihn. Die Menschen konnten den freien Fluss des Chi durch den ganzen Körper verbessern, indem sie Tai Chi, Akupunktur, Chinesische Medizin und Kampfsportarten, besonders Kung-Fu, anwandten. Diese Übungen waren darauf ausgelegt, hastige, blockierte und unterbrochene Energien in die richtigen Bahnen zu lenken oder möglichst gering zu halten, so wie Feng Shui dies im Umfeld der Menschen tat. Als Anhänger daoistischer Lehren mache ich täglich Tai Chi, Qigong und Meditation. Tai Chi geht von der Körpermitte aus und bearbeitet dann alle acht Himmelsrichtungen; es sammelt, bewegt und schützt die natürlichen Energien des Körpers.

Feng-Shui-Traditionen heute

Die Mischung aus Tradition und Symbolik, die im alten China entstand, bildete die Grundlage für die vier Schulen des Feng Shui, die wir heute kennen: Formenschule, Kompass-Schule, Xuan-Kong-Schule und Schwarzhut-Schule. Dieses Buch beruht auf den Schulen, die ich für die traditionellsten halte: der daoistischen Formenschule, die sich mit den Landschaftsformen, Hügeln, Tälern und Wasser befasst, und der Kompass-Schule, die auf der Grundlage der acht Himmelsrichtungen arbeitet. Ich verwende diese Methoden bei meinen Beratungen und glaube, dass sie Ihnen eine große Auswahl alter Fertigkeiten für ein erfolgreiches und harmonisches Leben in der heutigen Zeit anbieten können.

Die Wirklichkeit des Hauses ist Ordnung,
Der Segen des Hauses ist Zufriedenheit,
Der Ruhm des Hauses ist Gastfreundschaft.

Chinesisch-daoistisches Sprichwort

Kapitel 2

GRUNDSÄTZE DES FENG SHUI

Erzeugender Atem

Feng Shui umfasst eine große Bandbreite an Mitteln, und zwar traditionelle und moderne, zur harmonischen Lenkung des Chi in einem Raum. Diese Maßnahmen können etwas so Einfaches sein wie eine gute Raumgestaltung, etwa durch eine ansprechende Raumausstattung und angenehme Farben, Lampen, Einrichtungsgegenstände und Accessoires. Ich finde es jedoch am besten, wenn man die grundlegenden Theorien des Feng Shui kennt und sie gewissenhaft und ihrem Sinn entsprechend anwenden kann.

In diesem Kapitel möchte ich die Grundsätze, mit denen Sie arbeiten werden, kurz darstellen und Ihnen einige Tipps zu ihrer Anwendung geben. Diese Information führt dann zu Teil II, wo ich Ihnen wesentlich eingehender vorführen werde, wie Feng Shui in unterschiedlichen Räumen und Bereichen funktioniert.

Drei Arten von Glück

Im Westen sagen wir manchmal einfach, jemand hat Glück, und belassen es dabei, aber in Ostasien, speziell in China, sagt man Ihnen auch, warum jemand Glück hat. Für die Chinesen

gibt es drei Ebenen des Lebens: das himmlische, das irdische und das persönliche Glück. Auf einer alten chinesischen Münze beispielsweise symbolisiert der äußere Rand den Himmel, die Mitte die Menschen und das quadratische Loch im Zentrum steht für die Erde.

Jede Ebene ist mit einer Glücksart assoziiert. Himmlisches Glück ist unser Schicksal oder Karma (siehe Seite 13): die Bilanz unserer guten und schlechten Taten, die wir aus vielen früheren Leben mitnehmen. Hier haben wir entweder ein Guthaben oder Schulden, und dieser Status wirkt sich auf unser derzeitiges Leben aus. Persönliches Glück, manchmal als »das Verdienst« bezeichnet, hat mit unseren Handlungen und Einstellungen zu tun. Gute Gedanken und Taten in diesem Leben können sich auf das Karma aus früheren Leben auswirken. (Als

Locard'sche Regel

Jeder Kontakt hinterlässt eine Spur. Diese von dem französischen Kriminologen und Forensiker Edmond Locard aufgestellte Regel ist als Locard'sche Regel bekannt geworden. Sie bedeutet, dass wir beim Betreten eines Ortes oder Raums dort etwas von uns selbst hinterlassen und etwas mitnehmen. Dieses Prinzip gibt es auch im Feng Shui. Unser Chi verbindet sich beständig mit dem Chi um uns herum, und dadurch wirkt sich die Energie unserer Umgebung stark auf uns aus.

Daoist/Buddhist versuche ich beständig, mein Verdienst zu erhöhen, um die Bilanz des himmlischen Glücks zu verbessern.) Irdisches Glück ist die Kombination von Energien in unserer Umgebung, die uns umgeben und beeinflussen.

Feng Shui wirkt hauptsächlich auf das irdische Glück, also auf ein Drittel unseres Glücks insgesamt. Es kann jedoch auch unsere Einstellung zum Positiven, zu mehr Hilfsbereitschaft und Rücksichtnahme auf andere Menschen und unsere Umwelt verändern; diese Veränderungen erhöhen auch unser Verdienst, was sich letztlich auf das himmlische Glück auswirkt.

Dao und Chi

Die Prinzipien des Feng Shui beruhen grundsätzlich auf den Lehren des Daoismus (siehe Seite 34f.). Wir können das Dao, die Quelle für die uns umgebende Chi-Energie, nutzen, indem wir die Schwingungen geeigneten Lichts, geeigneter Farben und geeigneter Objekte in einem Raum einsetzen.

Aus dem Dao kommen Yin und Yang (siehe Seite 43f.), Gegensätze, die sich anziehen und ergänzen. Yin und Yang wiederum umfassen fünf Elemente: Erde, Wasser, Feuer, Metall und Holz (siehe Seite 44f.). Diese Energien sind ständig in Bewegung und in Veränderung begriffen und passen ihre Beziehung zueinander an. Alles besteht aus Yin/Yang-Gegensätzen – negativ/positiv, dunkel/hell, Nacht/Tag –, die versuchen, ineinander überzugehen oder einander zu unterstützen und eine Verschmelzung oder »Alchemie« *(lien chin shu)* aus den fünf Elementen zu bilden. Veränderung ist die einzige Konstante im Dao.

Yin und Yang

Jedes Objekt wird aus einer Mischung von Yin- und Yang-Chi gebildet. Yin-Chi ist eine eher stabile, irdische, passive, aufnehmende Energie. Yang-Chi ist eher kräftig, positiv und nach außen wirkend. Ursprünglich bezog sich das Wort *Yin* auf die Schattenseite eines Hügels oder Berges, wo die Sonne nicht hinkam, und *Yang* auf die helle, von der Sonne beleuchtete Seite. Die Bedeutung von Yin und Yang erweiterte sich dann ungefähr so wie die Anwendung des Feng Shui, das ursprünglich nur für Grabstätten und dann für Pflanzenbau eingesetzt worden war und zuletzt auf die Anwendung in Häusern und Gärten ausgedehnt wurde. (Die Begriffe negative und positive Energie gibt es sogar in der modernen Physik, etwa bei negativ oder positiv geladenen Teilchen.)

Der Yin-Yang-Kreislauf

Die Abbildung auf Seite 44 zeigt die zwei Formen von Chi. Die dunklen Bereiche stehen für Yin, die hellen oder weißen Bereiche für Yang. Die Punkte in jedem Bereich und die geschwungene Grenzlinie zwischen den beiden zeigen, dass die Energien voneinander durchdrungen sind: Yang enthält Yin und umgekehrt. Die Kreisform stellt dar, wie die Energien einem Kreislauf folgen, sich beständig verändern und bemühen, ineinander überzugehen. Sobald Yang seine maximale Ausprägung erreicht hat, entsteht Yin und umgekehrt.

Feng Shui ist eine sorgfältige Kombination von Yin und Yang. Ausschließlich Yin oder Yang ist nicht gesund; wir brauchen eine Mischung aus beiden, um Harmonie zu erzielen. Die Natur

Yang-Eigenschaften
stark
hell
positiv
nach außen wirkend

Yin-Eigenschaften
stabil
dunkel
passiv
aufnehmend

gleicht die beiden Energien hervorragend aus, aber Wirkungsbereich und Aktivitäten des Menschen stören dieses Gleichgewicht ständig. Ein Haus kann die aktivere Yang-Energie begünstigen oder eher zur langsameren Yin-Energie hin ausgerichtet sein, und jeder Raum hat sein eigenes energetisches Gleichgewicht. Wenn Sie wissen, was Sie mit Ihrer Umgebung erreichen möchten, können Sie ein optimales Gleichgewicht zwischen Yin und Yang herstellen (siehe Seite 176f.).

Die fünf Elemente

Aus dem Dao, der Grundenergie des Universums, stammen Yin und Yang, gegensätzliche Energieformen, die einander anziehen und ergänzen. Aus Yin und Yang wiederum entstehen die Formen, die wir als die fünf Elemente kennen: Erde, Wasser, Feuer, Metall und Holz.

Diese Elemente unterscheiden sich von den vier Elementen der westlichen Kultur: Luft, Feuer, Erde und Wasser; sie sind viel eher »bewegende Kräfte« als echte Substanzen. Sie werden als bewegte Energiewirbel gesehen, die sich beständig verändern. Im Chinesischen heißen die fünf Elemente *Wu Xing*, »die fünf Dinge, die getan werden«. Sie verursachen nicht so sehr Gutes oder Schlechtes, sondern schaffen vielmehr Voraussetzungen, unter denen bestimmte Dinge vermutlich eintreten.

Die Elemente sind den Himmelsrichtungen zugeordnet (siehe Seite 47ff.) und erscheinen im Bagua (siehe Seite 184ff.). Holz steht für Osten (und Südosten), Feuer für Süden, Metall für Westen (und Nordwesten) und Wasser für Norden. Erde, das heißt Ausgewogenheit, steht für das natürliche Gleichgewicht der anderen vier Elemente und erscheint in der Mitte des Bagua (sowie im nordöstlichen und südwestlichen Abschnitt des Bagua).

Im Feng Shui regt man die Energie der Elemente mit symbolischen Gegenständen und Farben an. Die augenfälligsten Symbole sind Feuer und Wasser, Steine (Erde) und Holz- oder Metallgegenstände. Jedes Element wird auch mit bestimmten Farben assoziiert; beispielsweise steht Rot für Feuer, Gelb- und Brauntöne für Erde und Weiß und Grau für Metall.

Die Zyklen des Chi

Jedes Element ist mit einer bestimmten Form von Chi assoziiert. Holz steht für das aufsteigende Chi des Morgens, des Frühlings und aller Dinge, die wachsen. Feuer repräsentiert Mittag und Sommer, den Zustand maximaler Lebenskraft. Metall, dem Sonnenuntergang und Herbst zugeordnet, ist ein Zustand rückläufiger Veränderungen. Wasser, assoziiert mit Nacht und Win-

龍气

ter, ist ein Zustand der Ruhe. Sie folgen dem Yin-Yang-Kreislauf: Feuer ist am stärksten Yang-betont, Metall und Wasser liegen dem Yin am nächsten.

Chi kann auf zweierlei Weise von einem Element zum anderen übergehen, und zwar im sogenannten Nährenden Zyklus und im Schwächenden Zyklus. Die beiden Zyklen sind auf Seite 47 abgebildet. Im Nährenden Zyklus beschreibt das Chi einen Kreis. Jedes Element gibt hilfreiche Energie an die Elemente zu beiden Seiten ab; so nährt beispielsweise Wasser Holz und Metall, und Holz nährt Wasser und Feuer. Im Schwächenden Zyklus ist der Kreis jedoch unterbrochen. Das Chi verläuft von jedem Element in geraden Linien, überspringt das nächste Element und schwächt das übernächste; so unterdrückt oder zerstört beispielsweise Feuer Metall (durch Schmelzen) und Metall Holz (durch Fällen).

Wie man mit den Zyklen arbeitet

Beide Zyklen sind wichtig für die Schaffung eines guten Feng Shui. Hilfreiche Elemente im Nährenden Zyklus können wohltuendes Chi in einem Bagua-Sektor anregen. So können beispielsweise Wasserspiele die Energie des südwestlichen Bagua-Sektors verbessern, der von Holz dominiert wird.

Andererseits können sich die Elemente im Schwächenden Zyklus auch gegenseitig blockieren. Daher können wir diese sogar einsetzen, um eine schützende Barriere gegen schädliche Energien zu errichten. Der Schwächende Zyklus ist besonders hilfreich in Badezimmern, wo wir durch Einfügen von Erdsymbolen die übermächtige Wasserenergie bändigen können.

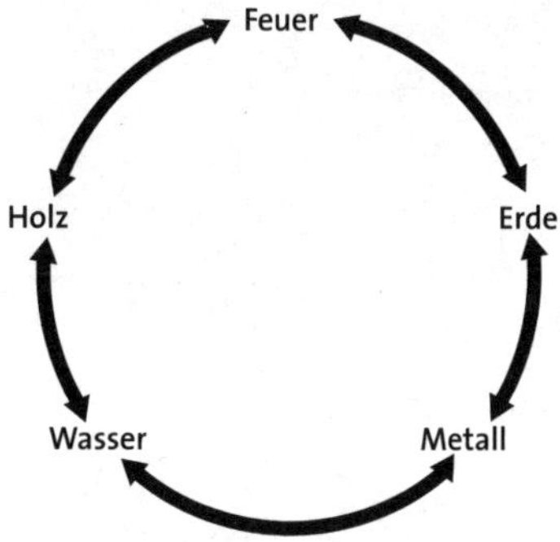

Nährender Zyklus

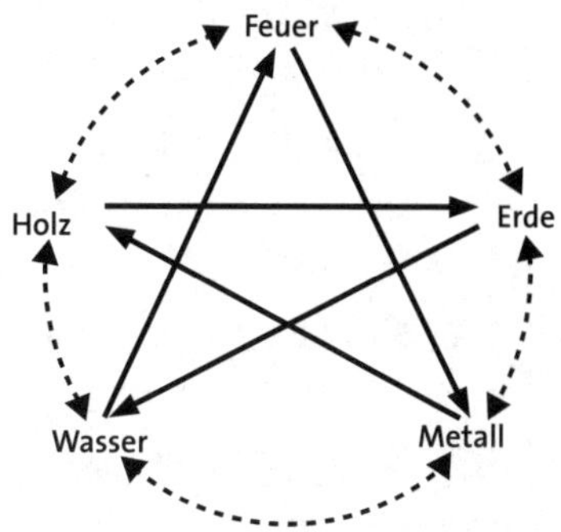

Schwächender Zyklus

Die acht Himmelsrichtungen

Jede Haupthimmelsrichtung – Norden, Süden, Osten und Westen – ist einer spezifischen Form von Chi zugeordnet (siehe Seite 31ff.). Auch die anderen Himmelsrichtungen (Nordosten, Nordwesten, Südosten und Südwesten) sind mit bestimmten Energien verbunden. Das Chi ist nicht nur in jeder Himmelsrichtung anders, jede Form von Chi stellt auch unterschiedliche Bereiche unseres Lebens dar. Diese Punkte bilden die acht Himmelsrichtungen des Feng Shui.

Grundsätzlich sind diese Himmelsrichtungen hier Teile eines Bereichs (wie Kuchenstücke), in denen Farben oder Gegen-

Trigramme und die Zahlen des Lo Shu

☵ **Norden (1)** Lenkt Karriere und Fortschritt. Das Chi ist ruhig und erholsam, aber auch kräftig, stabil und schützend.

☶ **Nordosten (8)** Bezieht sich auf Spiritualität, Wissen und Lernen. Das Chi ist ausgeprägt und veränderlich.

☳ **Osten (3)** Lenkt Gesundheit, Familie, Ehrgeiz und Langlebigkeit. Das Chi ist nährend und wachstumsfördernd.

☴ **Südosten (4)** Steht für »Fülle des Lebens«. Das Chi in diesem Sektor bringt große Möglichkeiten.

☲ **Süden (9)** Steht für Ruhm, Geselligkeit und Kommunikation. Das Chi in diesem Sektor ist feurig und leidenschaftlich.

☷ **Südwesten (2)** Assoziiert mit Partnerschaft, Liebesbeziehungen und körperlicher Liebe. Das Chi ist ruhig und solide.

☱ **Westen (7)** Steht für Kinder, Freude, Kreativität und neue Projekte. Seine Energie ist lebendig, unberechenbar und kann gefährlich sein.

☰ **Nordwesten (6)** Assoziiert mit Mentoren oder anderen hilfreichen Menschen, wichtigen Treffen und dem Beseitigen von Hindernissen. Das Chi in diesem Sektor ist stark und beruhigend. Die Chinesen sagen, es sei »wie ein gütiger Vater« *(jen t'zu)*.

stände bewusst eingesetzt werden, und es kommt dabei auf die Lage an, nicht auf die Richtung, in die diese Gegenstände zeigen. Die acht Himmelsrichtungen sind im Bagua angegeben (siehe Seite 184ff.). Jede ist einem bestimmten Element und einer Gruppe von Farben sowie einer Zahl des »magischen Quadrates« (siehe unten) zugeordnet. Außerdem wird jede durch ein Trigramm dargestellt (siehe Seite 48), das die Kombination von Yin- und Yang-Energien symbolisiert. Jedes Trigramm besteht aus drei Linien: durchbrochenen Linien (Yin), durchgehenden Linien (Yang) oder einer Kombination von beiden.

Die Himmelsrichtungen in Ihrem Zuhause

Wenn Sie das Bagua auf Ihr Heim oder andere Räume anwenden (siehe Seite 21ff.), müssen Sie nur bestimmen, welche Räume in den Sektor welcher Himmelsrichtung fallen. Beachten Sie, dass die Grenzen zwischen den Sektoren nicht scharf abgegrenzt sind; sie gehen ineinander über, das heißt, Sie können nicht exakt mit einem Fuß im Norden und dem anderen im Nordosten stehen.

Im Bagua ist die Mitte *(tai chi)*, die »Erde«, ein Ort mit einem ganz besonderen Energiefluss: Yin- und Yang-Energien wirbeln um diese Erde herum. Wenn Sie an einem Bereich arbeiten, sollten Sie stets versuchen, das *Tai Chi* frei zu lassen, und darauf achten, dass es niemals blockiert ist.

Das magische Quadrat *(Lo Shu)*

Das *Lo Shu*, das magische Quadrat, ist ein weiteres traditionelles Hilfsmittel des Feng Shui. Es handelt sich um ein Quadrat, das in neun kleinere Quadrate unterteilt wird, die jeweils mit einer Zahl zwischen eins und neun nummeriert sind. Wenn Sie die Zahlen waagrecht, senkrecht oder diagonal addieren, ergibt das immer 15.

Man sagt, das *Lo Shu* sei entdeckt worden, als ein weiser Daoist beobachtete, wie eine Schildkröte aus einem Fluss krabbelte, und er ein besonderes Muster von Rissen auf ihrem Panzer bemerkte. (Im alten China wurde auch aus den Rissen in Schildkrötenpanzern die Zukunft vorausgesagt.) Dem Weisen fiel auf, dass jedes Quadrat des Panzers eine andere Anzahl von Rissen aufwies, Zahlen zwischen eins und neun.

Das magische Quadrat und das Bagua

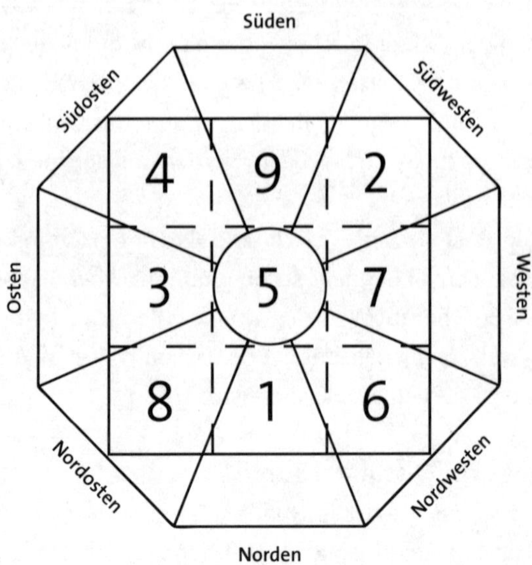

Die Symbolik der Zahlen

Die im magischen Quadrat enthaltenen Zahlen wurden in das Bagua aufgenommen und jeweils einer bestimmten Himmelsrichtung zugeordnet. So steht die Eins beispielsweise für den Norden und symbolisiert den Anfang aller Dinge, und die Neun steht für den Süden und symbolisiert Erfolg und Vollendung. Die Zwei steht für Südwesten und liebende Paare, und die Sieben symbolisiert die Kreativität des Westens. Die auffälligsten Zahlen sind Eins und Neun, Letztere bedeutet extrem viel Glück, weil sie aus der Acht (Symbol der Erde) und der Eins (Symbol des Himmels) entsteht – die perfekte Mischung oder »Alchemie«. Die stärkste Zahl ist die Fünf, die die Mitte, oder das *Tai Chi*, repräsentiert.

Das *Lo Shu* hängt auch mit dem Kreislauf von Yin- und Yang-Energie zusammen. Gerade Zahlen enthalten Yin-, ungerade enthalten Yang-Energie. Nach der alten chinesischen Auffassung ist 15 (die Summe jeder waagrechten, senkrechten und diagonalen Reihe im Quadrat) die Hälfte des Mondumlaufs, also die Anzahl der Tage, die zwischen Neu- und Vollmond vergehen. Sie steht für den Übergang von zunehmend zu abnehmend, wenn die Energie von Yang allmählich zu Yin wechselt.

Gutes und schlechtes Chi: der »Atem des Drachen«

»Erzeugender Atem«, die perfekte Kombination von Yin- und Yang-Chi, wurde von den alten Chinesen als »Atem des Drachen« *(sheng chi)* bezeichnet. Förderliches Chi beschrieben sie als beständig fließend *(liu tung)* oder veränderlich und bewegt *(tung te)*. Feng-Shui-Kundige galten damals als »Drachenmeister«, denn es war ihre Aufgabe, das »Auge des Drachen zum Leuchten zu bringen« – also das Chi in und um ein Gebäude zum Leben zu erwecken und einen wohltuenden Fluss anzuregen.

Als Feng Shui sich entwickelte (siehe Seite 30ff.), setzten die Menschen den »Erzeugenden Atem« mit schützenden Bergen und Hügeln gleich, die Holz, Früchte und Wasser lieferten. War die Energie zu Yang-orientiert und zu kräftig, gefährdete sie die Häuser, die Ernte und die Gräber der Menschen. War der »Erzeugende Atem« zu Yin-lastig und zu träge, löste dies Krankheit und Missernte aus, meinte man. (Schädliches Chi kann nämlich entweder zu »Feng«-lastig sein, wie sehr starker Wind, oder zu »Shui«-lastig, wie stehendes Wasser.)

So regen Sie den Erzeugenden Atem an

Die Vorstellung vom Erzeugenden Atem oder »Atem des Drachen« ist im Feng Shui auch heute noch wichtig. Idealerweise sollte sich das Chi gleichmäßig und gewunden bewegen, auf gewundenem Weg durch einen Raum fließen, weder stagnieren noch dahineilen. Diese sanften Ströme sorgen für einen klaren Kopf, für Gesundheit und Zufriedenheit.

Chi, das in gerader Linie durch den Raum jagt, ist zu Yang-betont und erzeugt Stress, Frustration und Zorn. Eine besonders schädliche Form des Yang-Chi kommt von »Giftpfeilen« – scharfen Kanten innerhalb oder außerhalb unserer vier Wände –, die negative Energie auf uns lenken. Stilles, stagnierendes Chi dagegen, wie man es in

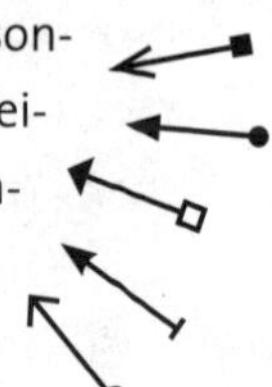

dunklen Nischen findet, kann Depressionen und Lethargie auslösen. Sie müssen Räume und Möblierung daher so gestalten, dass das Chi konstant und in sanften, geschwungenen Bahnen fließen kann.

So erreichen Sie gleichmäßigen Chi-Fluss

Setzen Sie die Mittel des Feng Shui behutsam ein, wie es für Sie und Ihre Umgebung angemessen ist. Achten Sie darauf, dass Sie nicht zu weit gehen, sonst erreichen Sie womöglich das Gegenteil von dem, was Sie wollten.

Manche Menschen tappen bei der Anwendung von Feng Shui in eine Falle: Sie denken, je größer die Ziergegenstände und je heller die Farben sind, desto besser werde das Ergebnis sein. Das stimmt aber nicht. Die Chinesen sagen dazu: »Zu viel Medizin wird zu Gift.« So können Wasser und Symbole des Wassers, wie Spiegel und die Farbe Blau, belebend wirken; verwendet man jedoch zu viele solcher Symbole in einem Raum, erzeugen sie übermäßig starke Energie und werden zu Feinden, nicht Freunden.

Das Einmaleins des Feng Shui

Es gibt nur drei Grundprinzipien – sozusagen das Einmaleins des Feng Shui –, mit denen wir einen harmonischen Energiefluss erzielen können. Zunächst müssen Sie den Raum aufmerksam betrachten und sich die Position von Türen, Fenstern, Kanten und Ecken sowie versteckte Winkel bewusst machen. Gleichen Sie den Fluss des Chi mit Hilfe von Feng Shui aus, dann können Sie die Energien wirksam lenken und einsetzen.

龍气

Die richtige Mischung der Energien wird Sie bei Ihren alltäglichen Aufgaben unterstützen, ermutigen und schützen. Jedes Ungleichgewicht kann sich jedoch in Ihrem Leben als Problem, Stress oder sogar Erkrankung zeigen.

Das Einmaleins des Feng Shui

知晓

Bewusstsein für die Energien *(chih chueh te)* ist der erste Schritt bei der Anwendung des Feng Shui. In China sagt man »Bewusstsein ist eine Waffe« *(chih hai te wu ch'i)*. Achten Sie genau auf die Energieflüsse in einem Gebäude oder Garten.

Nun kommt die **Ausgewogenheit** *(ping heng)*. Um eine ausgewogene Mischung zu erzielen, die Ihrer Persönlichkeit und Ihren Bedürfnissen entspricht, müssen Sie Yin und Yang ausgleichen und verschiedene Elemente kombinieren, damit die Energie in der gewünschten Geschwindigkeit fließt.

平衡

协调

Lenkung *(kuan li)* oder **Ruhe** *(chen ching te)* ist das ideale Ergebnis. Sobald Sie Feng Shui korrekt angewendet haben, werden Sie ein harmonisches Umfeld haben, das Sie bei der Verbesserung Ihrer Gesundheit, Ihrer Gefühle und Ihres Lebens unterstützt.

Feng Shui in der heutigen Welt

Feng Shui heute anzuwenden bedeutet, Lösungen zu finden, die modernen Lebensumständen entsprechen. Einerseits bietet das Leben im 21. Jahrhundert Annehmlichkeiten wie elektrisches Licht, Zentralheizung, eine unglaubliche Vielfalt an Farben und Einrichtungsgegenständen. Andererseits wird jedoch die natürliche Umgebung durch Faktoren wie elektrische Geräte im Haus oder stark befahrene Straßen außerhalb gestört und verschmutzt. Es ist daher wichtig, dass man das Chi, das von außerhalb kommt, steuern kann. Feng Shui ist eine Möglichkeit, »den Himmel auf Erden zurückbringen«, erneut positives Chi zuzuführen. (Konkrete Beispiele für die Herausforderungen der modernen Umwelt und für Lösungen durch Feng Shui siehe Kapitel 12).

Mit vorhandenen Mitteln arbeiten

Die Anwendung von Feng Shui kann so einfach oder so kompliziert sein, wie Sie möchten – lassen Sie sich jedoch vom gesunden Menschenverstand leiten. Feng Shui enthält zwar mystische Elemente, muss jedoch nicht zu bizarren und eigenartigen Maßnahmen oder zu radikalen Veränderungen im Haus führen. Wenn ich beim Bau eines Hauses mit dem Architekten zusammenarbeite, können wir dafür sorgen, dass das Haus von Anfang an gutes Feng Shui aufweist. Arbeiten Sie jedoch an einem bestehenden Haus, müssen Sie nicht jene extremen Maßnahmen ergreifen, die die Kunst in Verruf gebracht haben, etwa Wände niederreißen oder die Eingangstür versetzen.

Traditionelles Feng Shui verwendet mitunter Gegenstände wie Buddha-Figuren, dreibeinige Kröten, Kristalle und Windspiele. Wenn Sie solche Ziergegenstände mögen, lassen Sie sich nicht davon abhalten. Sie müssen sie jedoch nicht einsetzen, wenn sie nicht Ihrem Geschmack entsprechen. Sie müssen an den allgemeinen Energien eines Raumes arbeiten und nicht das Hauptaugenmerk auf bestimmte Objekte richten, die Glück, Liebe und Wohlstand bringen sollen. Es macht mir große Freude, an Räumen zu arbeiten, in denen sich die natürliche Energie fantastisch anfühlt, ohne dass irgendetwas auf Feng Shui hinweist – einfach nur gute Farben und gutes Design.

Arbeiten Sie einfach nur mit bestehenden Dingen. Ziel ist, Ihr Leben mit Ihrem Umfeld in Harmonie und Gleichgewicht zu bringen. Dieses Buch wird Ihnen zeigen, wie, indem es Sie lehrt, Yin und Yang, die fünf Elemente und die acht Himmelsrichtungen harmonisch abzustimmen.

Veränderungen herbeiführen

Bevor Sie sich an die Arbeit machen, müssen Sie Ziele für die gesamte Wohnung oder das gesamte Haus festlegen (siehe Seite 175ff.). Dann müssen Sie feststellen, welche Bereiche des Hauses in welchen Bagua-Sektoren liegen (siehe Seite 27f.), um herauszufinden, wo der Fluss des Chi am günstigsten ist. Dann müssen Sie mit Hilfe der Informationen in Teil II und III überlegen, wie Sie neues Chi erzeugen oder bestehendes Chi verbessern können. Die Anwendung von Feng Shui hilft Ihnen, dafür zu sorgen, dass die Energie harmonisch *(ho sheng)* ist und Sie unterstützt.

Probleme lösen

Feng-Shui-Lösungen bedeuten entweder, wohltuendes Chi zu verstärken oder schädliches Chi zu vermeiden. Gutes Chi kann man verstärken, indem man Gegenstände im Raum neu anordnet und Unnötiges entfernt; indem man mit Hilfe von Spiegeln, Spots oder Deckenstrahlern für mehr Licht sorgt; indem man Farben und Pflanzen einsetzt, die dem jeweiligen Bagua-Sektor entsprechen oder ein »hilfreiches« Element symbolisieren (siehe »Nährender Zyklus der Elemente«, Seite 47). Solche Maßnahmen lassen das Chi in sanft geschwungenen Bahnen fließen. Um sich vor schädlichem Chi zu schützen, können Sie dessen Energie mit Hilfe des Schwächenden Zyklus der Elemente (siehe Seite 47) blockieren, die Ursache des schädlichen Chi in einem Schrank, hinter einem Paravent oder einer Tür verbergen oder, wenn möglich, ganz entfernen.

Im nächsten Teil lernen Sie, wie Sie diese Ideen in die Praxis umsetzen können. Jedes Kapitel beschäftigt sich mit einem bestimmten Raum oder Bereich. Ich erkläre, wie sich das Chi in diesem Bereich idealerweise bewegen soll, und bringe Beispiele für die Wirkung von gutem und schlechtem Chi. Es gibt auch spezielle Ratschläge – »Erste Hilfe« – für bestimmte Probleme. Die Kapitel enden mit Vorschlägen zur Verbesserung des Chi im betreffenden Raum, je nachdem, in welchem Bagua-Sektor er liegt.

气之和谐

TEIL II

Raum für Raum

In diesem Teil erfahren Sie, wie Sie das Chi in Ihrem Heim, Ihrem Garten, an Ihrem Arbeitsplatz verbessern. Es spielt keine Rolle, wenn Ihr Zuhause gemäß Feng-Shui-Grundsätzen nicht perfekt ist: Jeder Raum lässt sich verbessern. Hier finden Sie praktische Vorschläge, die in Ihren Alltag passen und Ihrem natürlichen Einrichtungsgeschmack entsprechen, sowie einige innovative Lösungen, wie Sie die optimale Kombination von Energien für Ihre Bedürfnisse erzielen.

Kapitel 3

EINGANGSTÜR, DIELE UND TREPPE

Mund

Chi gelangt durch die Wände, Türen, Fenster und das Dach ins Haus. Ein großer Teil kommt durch die Eingangstür, die im Feng Shui als »Mund« *(kou)* bezeichnet wird. Gutes Chi muss durch den *kou* einfließen, schlechtes Chi draußen bleiben – man sagt dazu »den Mund füttern, das Heim beleben«.

Sobald das Chi im Haus ist, fließt es durch den Flur, durch die Räume, treppauf und treppab. Sie müssen diese Bereiche frei halten und ständig benutzen, damit das Chi frei zirkulieren und Ihrem Heim nützen kann.

Die Eingangstür füttern

Die Eingangstür, auch *kou* genannt, verbindet Ihr Heim mit der Außenwelt. So wie Sie Ihren Mund zum Essen, Trinken und Atmen brauchen, ist auch *kou* lebenswichtig, weil sie Chi in Ihr Heim gelangen lässt – also muss sie gut »gefüttert« werden.

Die Vorschläge in diesem Buch gelten für ein Haus, aber auch für Ihre Eingangstür, wenn Sie in einer Wohnung leben.

Helles Licht vor und hinter der Tür trägt viel dazu bei, gutes Chi anzuziehen. Sie brauchen eine ständige Beleuchtung, nicht bloß eine Sicherheitsbeleuchtung, die sich für jeweils einige

Minuten einschaltet; am besten lässt man das Licht die ganze Nacht brennen, zumindest aber vom Einbruch der Dämmerung bis zum Schlafengehen.

Idealerweise ist die Eingangstür solide und hat nur kleine Fensterscheiben. Eine Tür mit viel Glas führt dazu, dass Energie durch den *kou* verloren geht – als hätte man die ganze Zeit den Mund offen. Sie können diesen Energieverlust verhindern, wenn Sie ein Rollo über dem Glas oder einen Vorhang hinter der Tür anbringen.

Schädliches Chi abwenden

Halten Sie vor der Tür Ausschau nach »Giftpfeilen«, die schädliches Chi auf Ihr Heim richten könnten (siehe Seite 165). Dieses Chi kann man durch Vorrichtungen aus glänzendem Metall ab-

wu fu lin men

In China sagt man: »Mögen die fünf Segnungen an deine Tür treten« *(wu fu lin men)* – die fünf Segnungen sind Gesundheit, Wohlstand, langes Leben, glückliches Leben und ein natürlicher Tod.

健康	財富	長壽	吉祥生命	喜終
Gesundheit	**Wohlstand**	**langes Leben**	**glückliches Leben**	**natürlicher Tod**

Eine schützende Eingangstür

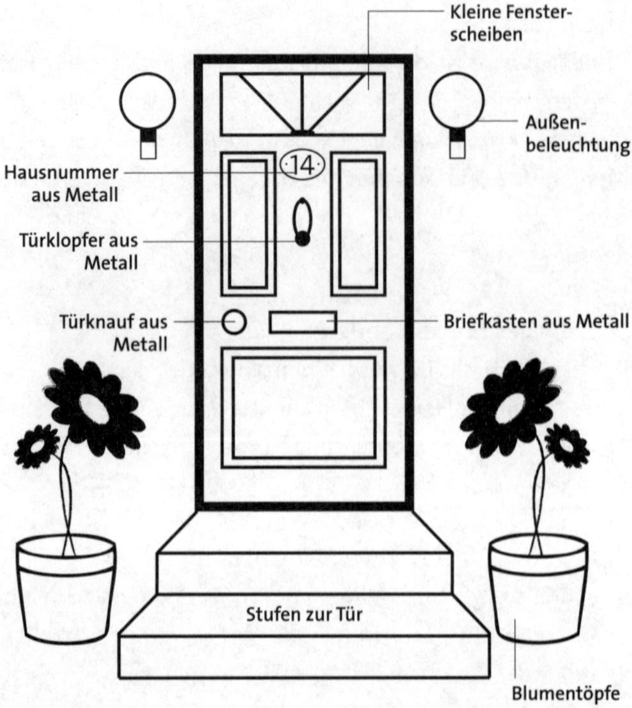

wenden, etwa durch Türklopfer (siehe oben). Oder Sie stellen runde Blumentöpfe zu beiden Seiten der Tür auf mit Pflanzen, die sich für diesen Bagua-Sektor eignen (siehe Seite 193ff.). Ein von Säulen getragenes Vordach schützt die Tür, und Stufen, die zur Tür hinaufführen, sind ein besonderer Glücksfall: Es heißt, dass Dämonen keine Stufen erklimmen können!

Weiteren Schutz bietet eine Hundefigur oder ein Bild von einem Hund in der Diele, der Tür gegenüber, weil Hunde schützende Energie ausstrahlen. Wenn Sie einen Hund haben, stellen Sie seinen Korb in die Nähe der Tür.

Die Schwelle

Bringen Sie links neben der Tür, von innen gesehen, ein Symbol für »fließendes, gutes Wasser« an, um den Chi-Fluss zu fördern. Das kann ein kleines Bild von einem Wasserfall sein, eine Muschel, ein Bootsmodell oder auch ein abstraktes blaues Gemälde. Oder hängen Sie einen runden Spiegel mit einem dem Bagua-Sektor entsprechenden Rahmen auf. Die richtige Höhe richtet sich nach der größten Person im Haushalt, so dass ihr nicht der Kopf oben »abgeschnitten« wird.

Achten Sie darauf, dass das Wassersymbol oder der Spiegel nicht die Eingangstür reflektiert, sonst weisen Sie viel gute Energie weg, die durch den *kou* einfließt. Bringen Sie niemals einen Spiegel oder ein Glückssymbol gegenüber der Küchen- oder Badezimmertür an, denn das würde schlechte Energie aus diesen Bereichen verstärken *(pei pu shan te)*.

Die Diele aufwerten

Chi muss sich sanft durch die Diele schlängeln, es darf nicht eilen und nicht stagnieren. Die besten Dielen sind relativ breit, so dass das Chi sanft hindurchfließen und das Haus durchdringen kann. Ist Ihre Diele nicht ideal, können Sie sie immer noch durch Beleuchtung und andere Maßnahmen verbessern.

Das Chi in der Diele beruhigen

Ein langer, schmaler Hausflur zwingt das Chi, sich stark zu beschleunigen, wie ein großer Fluss in einer engen Schlucht. Das Problem verschärft sich noch, wenn drei Türen hintereinanderliegen, einschließlich Vorder- und Hintertür. Bringen Sie, um für einen gleichmäßigen Fluss zu sorgen, entlang der Wände versetzt Spiegel an, sodass sich das Chi von einem zum nächsten schlängelt. Hängen Sie den ersten Spiegel als Symbol für »fließendes, gutes Wasser« links neben der Eingangstür auf (siehe »Schwelle«, Seite 63). Der nächste kommt ein Stück weiter auf die rechte Seite und so weiter.

Hat die Diele scharfe Ecken und Kanten, können Spiegel auch gegen »Giftpfeile« schädlicher Energie helfen, die von den Kanten ausgehen. Hängen Sie die Spiegel auf, wie im Diagramm auf Seite 65 dargestellt, damit sie das Chi sanft um die Ecke fließen lassen.

Erste Hilfe

Problem: Sie haben einen langen, schmalen Hausflur, wollen aber nicht überall Spiegel aufhängen.

Lösung: Wenn Sie keine Spiegel aufhängen möchten, können Sie den Chi-Fluss regulieren, indem Sie Fussbodenbretter quer verlegen. Eine einfachere Lösung sind abgerundete, rutschfeste Teppiche, die farblich zum Bagua-Sektor passen (siehe Seite 189ff.) und die Sie in Abständen im ganzen Hausflur auslegen.

Ecken in der Diele ausgleichen

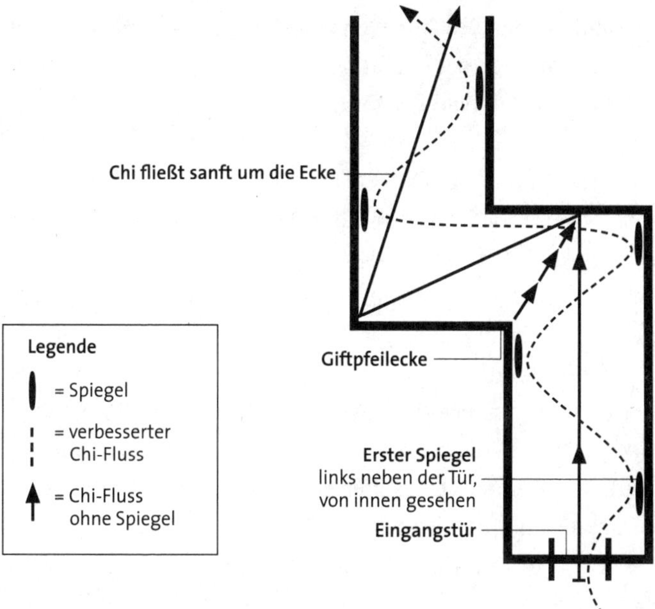

Tipps für breite Dielen

Ist Ihre Diele sehr groß, breit und hallend, fließt das Chi möglicherweise zu träge. Um es zu beschleunigen, sorgen Sie mit kräftigeren, lebendigeren Farben und viel hellem Licht für mehr Energie. Längs verlegte Fußbodenbretter können den Chi-Fluss ebenfalls anregen.

Die Vorteile von Pflanzen

Große Pflanzen mit breiten Blättern, wie Gummibaum oder Fensterblatt *(Monstera deliciosa)*, können in der Diele ideal sein, wenn sie zum Bagua-Sektor passen (siehe Seite 69ff.). Liegen zwei Türen hintereinander, stellen Sie eine Pflanze dazwischen, damit diese den Chi-Fluss von einer Tür zur nächsten beruhigt. Pflanzen können das Chi auch fördern, besonders in dunklen Nischen und vor Wandvorsprüngen.

Die Energien in der Diele ausgleichen

Idealerweise sollte das Chi in der Diele leicht Yang-betont sein, um Stärke, Schutz und Aktivität in Ihrem Heim zu fördern. Zur Förderung von Yang-Chi setzen Sie reichlich natürliches Licht, gute Beleuchtung und leuchtende oder neutrale Farben ein, keine Pastelltöne.

Ist die Diele dunkel, ist das Chi zu sehr Yin-betont und träge. Um die Diele zu beleben, setzen Sie etwas kräftigere Farben in Form von kleinen Accessoires ein; so können Sie die Wirkung verbessern, ohne zu übertreiben.

Das Dekor muss auch »freundliche Elemente« *(yu shan te yao su)* enthalten, die das Element des in der Diele vorherrschenden Bagua-Sektors stärken (siehe *Nährender Zyklus*, Seite 47). So können beispielsweise im nördlichen Sektor, der von Wasser regiert wird, Holzböden und Pflanzen hilfreich sein.

Zerstreutes Chi stabilisieren

Wählen Sie grundsätzlich Gegenstände mit senkrechten Linien, wie Geländer, hohe Pflanzen und Senkrechtlamellen; senkrechte Linien symbolisieren gesundes Längenwachstum. Meiden Sie waagrechte Linien, wie Zierprofile oder

Stuhlleisten und Bücherregale, weil diese das Chi aufspalten und die Energie zerstreuen. Haben Sie ein Zierprofil an der Wand, streichen Sie es in der gleichen Farbe wie die Wand, um das Chi zu stabilisieren.

Stark gemusterte Tapeten und Teppiche stören das Chi ebenfalls. Haben Sie »hektische« Tapeten, hilft es, eine Uhr an die Wand zu hängen. Uhren sind in Dielen ideal, weil sie das Chi sowohl stimulieren als auch stabilisieren.

Die Diele muss frei bleiben

Versuchen Sie, in der Diele möglichst wenig Möbelstücke aufzustellen, und halten Sie Ordnung. Verstauen Sie Mäntel, Jacken und Putzutensilien wenn möglich in einem Schrank unter der Treppe. Befindet sich in diesem Schrank ein Sicherungskasten oder Stromzähler, legen Sie einen Amethyst darauf, um die von statischer Elektrizität erzeugte negative Energie zu beseitigen.

Halten Sie alle von der Diele abgehenden Türen möglichst geschlossen – besonders jene, die in Toilette, Badezimmer oder Küche führen. Man sollte sich generell angewöhnen, alle Türen geschlossen zu halten, um das Chi in jedem Raum zu erhalten und aufzubauen.

So bleibt das Chi im Treppenhaus

Treppen können aus Sicht des Feng Shui eine Herausforderung sein, weil das Chi dort hinunterfließt wie Wasser. Offene Treppen und Wendeltreppen sind besonders schlecht; Wendeltrep-

Den Chi-Fluss treppabwärts verringern

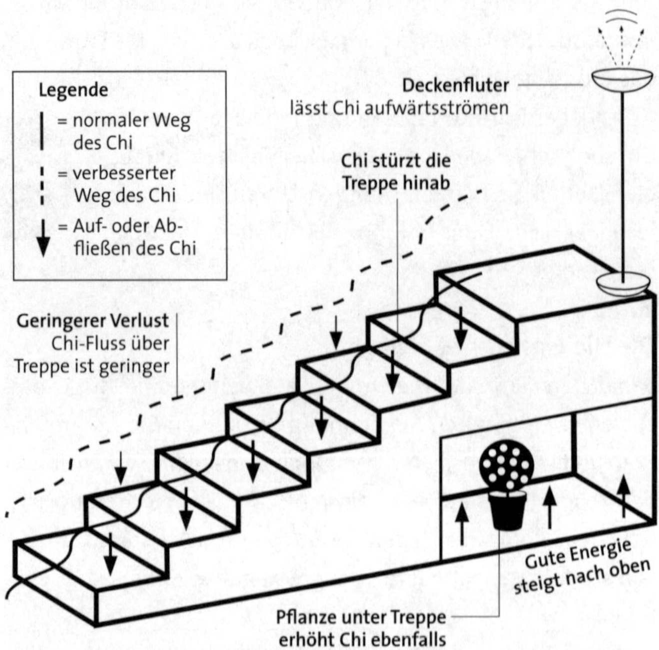

pen werden von alters her als »Dolch« *(pi shou)* bezeichnet, der ein Gebäude durchbohrt. Sie können den Chi-Verlust jedoch problemlos verringern.

Sie könnten an das untere Treppenende einen runden oder ovalen Teppich in einer kräftigen Farbe legen. Wenn es zum Bagua-Sektor passt (siehe Seite 68ff.), könnten Sie eine breitblättrige Pflanze unter oder neben die Treppe stellen. Beleuchten Sie eine Wendeltreppe mittels Deckenfluter oder nach oben gerichteter Lampe, oder platzieren Sie grüne Hängepflanzen am äußeren Rand jeder zweiten Stufe.

Stellen Sie niemals Schreibtische, Stühle oder Telefone unter eine Treppe, weil Treppen das Chi unter sich »erdrücken«, was Ihr eigenes Chi schwächen kann. Handelt es sich um einen offenen Raum, heben Sie das Chi mit einer Lampe oder einer großen Pflanze an; ansonsten verwenden Sie den Bereich für einen Schrank als Stauraum (siehe Seite 66f.).

Liegt die Treppe der Eingangstür gegenüber, kann Chi verloren gehen. Diesen Energieverlust können Sie verhindern, indem Sie Spots so anbringen, dass einer genau auf einen Punkt über der Eingangstür und einer auf die Treppe gerichtet ist, um sie »auseinanderzubewegen«.

Ein erbauliches Bild, gegenüber vom oberen Treppenabsatz aufgehängt, kann hilfreiches Chi anziehen. Welches Motiv geeignet ist, hängt vom Bagua-Sektor ab; so kann beispielsweise ein abstraktes oder humoristisches Bild im Westen die kreativen Energien fördern.

Das Allerwichtigste: die Lage

- *Norden:* Eine Diele im Norden kann Gefühle der Isolation auslösen. Abhilfe schafft man durch Förderung des Chi im Süden des Hauses. Holzsymbole, wie Holzböden und Pflanzen, sind im Norden hilfreich.
- *Nordosten:* Das Chi in einer nordöstlichen Diele kann Frustration verursachen; dem lässt sich mit Erdfarben und kräftiger Beleuchtung entgegenwirken. Auch Kristalle, Ziergegen-

stände aus glänzendem Metall sowie Vasen verbessern das Chi.

- *Osten, Südosten, Süden:* Diese Sektoren sind perfekt für Haustüren und Dielen; das Chi fördert Wachstum, Ehrgeiz und Erfolg. Sie können die Energie durch Holzböden und einige breitblättrige Pflanzen fördern.
- *Südwesten:* Eine südwestliche Diele verleiht dem Haus den Charakter einer Zufluchtstätte, die Energie ist jedoch etwas träge. Soll sie belebt werden, setzt man feurige Farben, kräftige Beleuchtung und Ziergegenstände aus Kristall oder glänzendem Metall ein.
- *Westen, Nordwesten:* Eine Diele im Westen fördert gewöhnlich die Kreativität. Das Chi im Nordwesten kommt der Entschlusskraft, der Autorität der Eltern und der Überwindung von Hindernissen zugute. Ziergegenstände aus Metall können diese Energie verbessern.

Kapitel 4

WOHNZIMMER

Lebendige Energie

Das Chi im Wohnzimmer muss eher Yang-betont sein, um Vergnügen und gesellschaftliche Aktivitäten zu begünstigen. Achten Sie darauf, dass gutes Chi in den Raum gelangt, und lassen Sie es frei zirkulieren. Kräftige Formen, Pflanzen, Uhren und Ziergegenstände können zur Verbesserung des Chi beitragen und Ihr Wohnzimmer, mit Feng-Shui-Worten ausgedrückt, zu einem »Ort der Helligkeit« machen.

Die Gestaltung des Wohnzimmers

Wohnzimmer müssen hell sein. Lassen Sie möglichst viel natürliches Licht in den Raum. Leuchten und Lampen im ganzen Raum, besonders Deckenfluter, bewegen das Chi aufwärts und verwandeln es von Yin in Yang. Vermeiden Sie jedoch nach Möglichkeit große, an der Decke montierte Lampen über den Köpfen der Menschen; sie machen die Yang-Energie zu dominant und hart.

Damit das Chi frei fließen kann, stellen Sie Möbel an die Wände. Lassen Sie das Zentrum *(tai chi)* – die »Erde« frei, vielleicht mit Ausnahme eines niedrigen Wohnzimmertisches, der so aufgestellt wird, dass er nicht genau das Zentrum des Raumes blockiert. Stellen Sie Sessel und Sofas an feste Wände,

Ein sinnvoll eingerichtetes Wohnzimmer

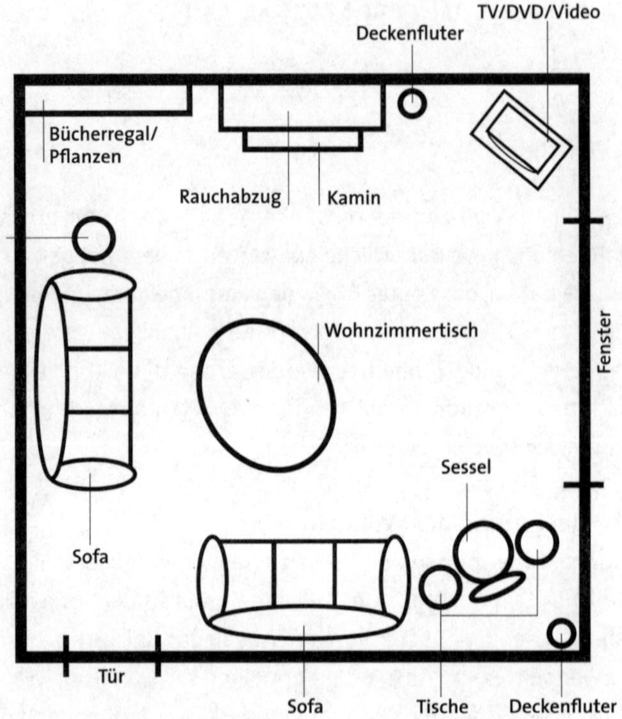

damit sie ein Gefühl der Sicherheit geben. Im Feng Shui sollten Sitzgelegenheiten nicht mit dem Rücken zu Türen oder Fenstern stehen, weil die darauf Sitzenden ansonsten in eine ungeschützte Position geraten. Achten Sie darauf, dass um die Möbel herum genügend Platz ist: Zu dicht stehende Möbel können den Fluss des Chi blockieren.

Problembereiche verbessern

Um für einen idealen Chi-Fluss im Wohnzimmer zu sorgen, müssen Sie Problembereiche erkennen und eine Lösung dafür finden. Eine häufige Quelle für schädliches Chi sind »Giftpfeile«, wenn scharfe Kanten oder Ecken auf sitzende Personen weisen. Giftpfeile geben stark beschleunigte Energie ab, die Spannungen in Menschen erzeugen kann. Sie können solche Kanten und Ecken neutralisieren, indem Sie sie mit Hängepflanzen zudecken. Auch die waagrechten Linien von Bücherregalen, mitunter »Würgelinien« *(chiao ssu)* genannt, können das Chi stören. Hier sorgen Bücherregale mit Glasfronten für Abhilfe; oder Sie stellen die Bücher so weit nach vorn, dass sie über die Regalkanten hinausragen und die »Würgelinien« unterbrechen.

In Nischen, etwa rund um den Kamin, kann sich stagnierendes Chi sammeln, die Kanten bilden jedoch Giftpfeile. Stellen Sie Sitzgelegenheiten nach Möglichkeiten nicht in Nischen, weil das Chi die Menschen dort lethargisch machen kann. Um das Chi in Bewegung zu versetzen und die Giftpfeile zu entschärfen, stellen Sie breitblättrige Pflanzen in die Nische, wenn es der Bagua-Sektor zulässt (siehe Seite 80f.), und zwar so, dass einige Zweige über die Kante hinausragen, und hängen Sie Spiegel an vorspringende Wände. Andere Möglichkeiten sind, sofern es dem Bagua-Sektor entspricht, Deckenfluter, Wasserspiele, Lavalampen, TV-Geräte und Stereoanlagen.

Fenster schützen

Werfen Sie einen Blick durch die Fenster und sehen Sie nach, ob es auch draußen Giftpfeile gibt (siehe Seite 165), etwa Gebäudeecken, die schädliches Chi in Ihr Wohnzimmer lenken könnten. Hängen Sie Senkrechtlamellen auf, um die Energie eines Giftpfeils abzulenken. Oder stellen Sie schützende Gegenstände auf jenes Fensterbrett, auf das der Giftpfeil weist. Hunde bieten viel Schutz. Wenn Sie einen Hund haben, stellen Sie ein Bild von ihm ins Fenster. Durchscheinende Bergkristalle sind besonders hilfreich; wer mag, kann jedoch auch eine Schüssel oder einen Krug aus Kristall aufstellen.

Ausgeglichene Farbgebung

Grundsätzlich sind kräftige Farben, ergänzt durch neutrale Farben, im Wohnzimmer ideal. Intensive Farbtupfer durch Kissen, Teppiche, Vorhänge und Bilder bewirken viel und machen den Raum lebendig. Je lebhafter die Farben, desto rascher bewegt sich das Chi. Leuchtende Töne aus der Mitte der Farbpalette erzeugen mehr Yang-Energie; sehr helle oder dunkle Farben geben Yin-Energie ab.

Passt eine Farbe nicht zu einem Bagua-Sektor oder die richtige Farbe nicht zu Ihrem Dekor, müssen Sie nicht alles neu gestalten. Ein einziges Möbelstück, ein Teppich, ein Kissen oder eine Pflanze in der richtigen Feng-Shui-Farbe auf dem unpassenden Stück reicht aus. Im Feng Shui nennt man das einen »Verband anlegen«. Die Energie des obenauf platzierten Stückes dominiert über die Energie der unteren Farbe.

Balken

Holzbalken symbolisieren nach unten drückendes Chi und verringern die Energie von allem (oder jedem), was sich darunter befindet. Versuchen Sie, Sitzgelegenheiten nicht genau unter einem Balken aufzustellen. Lässt es sich nicht vermeiden, können Sie einige Maßnahmen ergreifen, damit die Balken »leichter« und weniger drückend wirken.

Handelt es sich um kleine Balken und macht es Ihnen nichts aus, sie zu verbergen, können Sie sie in der Farbe der Decke streichen, damit sie nicht auffallen. Oder Sie heben die Energie mit einem Bild oder anderen Objekt an, das Aufwärtsbewegung symbolisiert.

Ein traditionelles Hilfsmittel sind offene Fächer oder Bambusflöten, die man an den Balken anbringt. Sie können in einem modernen Heim jedoch sehr unpassend wirken. Eine Alternative sind Bilder von fliegenden Vögeln oder aufsteigenden Heißluftballons. Große Pflanzen unter Balken bewirken viel, ebenso Deckenfluter oder Spots, die nach oben auf die Balken gerichtet sind. Ich erinnere mich an einen Fall, wo ich den hölzernen Propeller von einem Oldtimer-Flugzeug an einem Balken anbrachte. Das sah großartig aus!

Offener Kamin

Jedes gute Wohnzimmer braucht einen Brennpunkt. Ein offener Kamin, der mit Holz, Kohle, Gas oder elektrisch befeuert wird, kann ein wunderbarer Mittelpunkt sein. Das Feuer kann dem Raum eine sehr einladende Atmosphäre verleihen. Außerdem erhöht, wärmt und bewegt es die Energie.

Ideale Bagua-Plätze für Kamine sind Osten, Südosten, Süden, Südwesten und Nordosten. Um die Feuerenergie in diesen

Offener Kamin in unterstützendem Bagua-Sektor

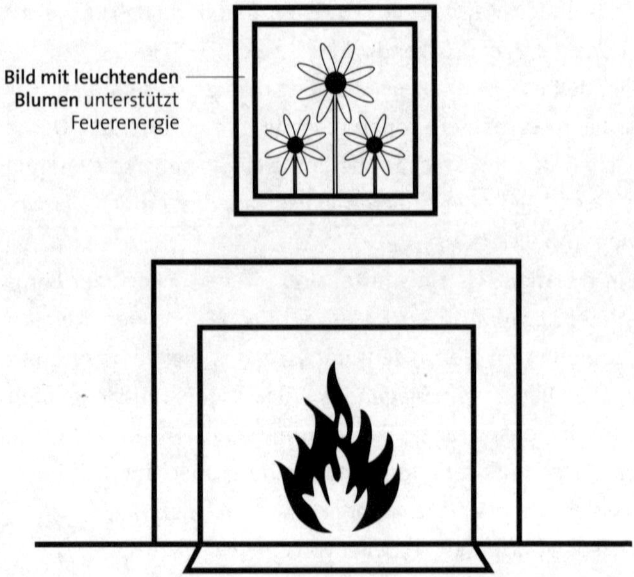

Sektoren noch zu verstärken, hängen Sie über dem Kaminsims ein Bild von Mohn- oder Sonnenblumen auf oder ein Bild, dessen Farben für Feuer stehen. Wenn Sie den Kamin nicht benutzen, könnten Sie Pflanzen, Blumen oder einen Paravent davorstellen. Ein Spiegel ist in diesem Bereich jedoch keine gute Lösung, weil er Wasser symbolisiert und »das Feuer löscht« *(hsi mieh)*.

Westen, Nordwesten und Norden sind weniger geeignete Sektoren für einen Kamin, weil Feuer sich nicht mit den vor-

Kamin in ungünstigem Bagua-Sektor

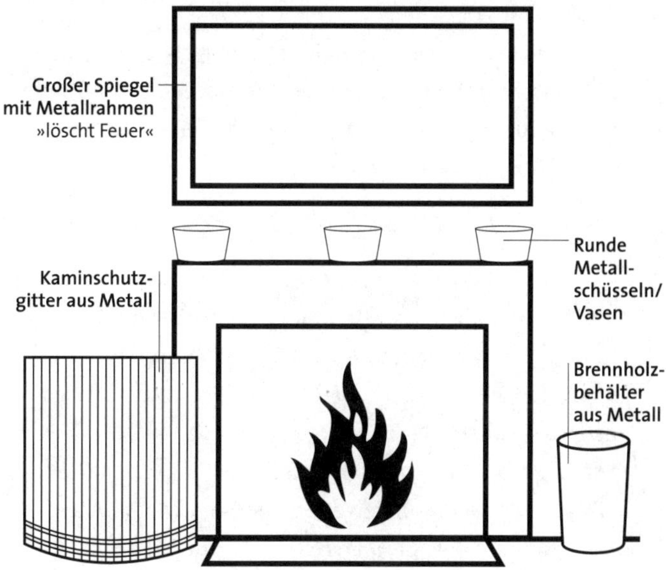

herrschenden Elementen verträgt (Metall im Westen und Nordwesten, Wasser im Norden). Dieses Problem können Sie mit Hilfe des Schwächenden Zyklus lösen (siehe Seite 47 – ein großer Spiegel über dem Kamin, um »das Feuer zu löschen«, ist in diesen Sektoren von Vorteil. Kombinieren Sie Wasser- und Metall-Chi, indem Sie einen Spiegel mit einem verzierten Metallrahmen (oder silbern beziehungsweise golden gestrichenen Holzrahmen) wählen. Das wäre auch ein guter Platz für einen Plasma-TV; ausgeschaltet fungiert er als Spiegel.

Im Westen oder Nordwesten kann man auch mit runden Ornamenten aus glänzendem Chrom, Edelstahl, Messing oder Kupfer »das Feuer löschen«.

Im Norden setzen Sie Hängepflanzen ein, etwa Efeu, die fallendes Wasser symbolisieren. Stellen Sie diese zu beiden Seiten des Feuers auf den Kaminsims. Wenn das Feuer nicht brennt, können Sie sogar eine davorstellen.

Erste Hilfe

Problem: Sie haben einen wunderschönen, altmodischen offenen Kamin, aber im falschen Bagua-Sektor.

Lösung: Für Feng Shui müssen Sie Ihren Kamin nicht herausreißen. Haben Sie weiter Ihre Freude daran, indem Sie mit Hilfe des Schwächenden Zyklus der Elemente das Chi lenken. Ein großer, verzierter Spiegel und Metall-Accessoires rund um den Kamin passen sehr gut dazu und helfen beim Energieausgleich.

Klang und Energie

Klangvibrationen von Musik oder Stimme sind eine hervorragende Möglichkeit, das Chi anzuregen. Feng Shui lehrt, dass alles aus Schwingungen entsteht (siehe Seite 167). Wenn Sie für die richtigen Schwingungen in Ihrem Umfeld sorgen, werden diese Ihre eigene Energie unterstützen und stärken.

Fernseher, Radio oder Stereoanlagen können sehr wohltuendes Chi erzeugen. Elektrische Geräte wie TV, Radio und Uhren mit Batterie energetisieren das Yang-Chi an jedem Ort. Sie sind hilfreich, wenn man die Energie in einem Alkoven erhöhen oder in Erkerfenstern vor Giftpfeilen geschützt sein möchte. Wenn Sie Jalousien haben, lenkt ein davor stehendes Fernseh- oder Radiogerät schädliches Chi von den waagrechten Linien ab. Wenn Sie ein Musikinstrument spielen, kann das ebenfalls eine gute Klangquelle sein.

Ziergegenstände und Bilder

Am wichtigsten ist, dass Sie sich mit Dingen umgeben, die Sie schön finden. Die meisten Menschen haben eine Mischung aus geerbten und selbst ausgesuchten Gegenständen. Behalten Sie, was Ihnen gefällt; was Ihnen geschenkt wurde, aber nicht nach Ihrem Geschmack ist, geben Sie weiter oder stiften es für wohltätige Zwecke. Antiquitäten enthalten Energien von ihren früheren Besitzern und ihrer Geschichte. Um daraus den vollen Nutzen zu ziehen, versuchen Sie, so viel wie möglich über ihre Geschichte herauszufinden.

Idealerweise sollten Bilder lebendig, erhebend und attraktiv sein. Meiden Sie nach Möglichkeit Jagdszenen, einsame, windgepeitschte Landschaften mit einzelnen Gestalten oder Bilder mit traurigen Assoziationen. Die beste Wirkung erzielen Sie, wenn Thema und dominierende Farben dem Bagua-Sektor entsprechen (siehe Seite 80f.).

Hilfreiche Pflanzen

Breitblättrige Pflanzen wie Gummibaum und Fensterblatt eignen sich am besten zur Anregung des Chi. Wenn Sie keine echten Pflanzen haben möchten, wirken solche aus Kunststoff oder Seide genauso gut. Potpourri hilft durch seinen Duft. Vermeiden Sie jedoch Trockenblumen oder Dekozweige in Vasen, denn sie speichern stagnierende Energie.

Das Allerwichtigste: die Lage

- *Norden:* Verbessern Sie das Chi in einem nördlichen Wohnzimmer mit Holzsymbolen, wie Grüntönen und Pflanzen, oder mit Metallsymbolen: Weiß, Cremefarben, Chrom und Edelstahl. Versuchen Sie es zur Förderung der Karriere mit Wasser oder Wassersymbolen.
- *Nordosten:* Hier ist das Chi ideal, um Ihre Energien neu zu beleben. Konzentrieren Sie sich auf Erdsymbole, wie Terracotta, Apricot oder Gelb, aus Granit oder Marmor und nichtglasierte Töpferware. Auch Kristallglas ist hilfreich. Fügen Sie einen Hauch von Metall hinzu (siehe Norden, oben). Elektrische Geräte können Wissen und Lernen fördern.
- *Osten, Südosten, Süden:* Das Chi in östlichen und südöstlichen Wohnzimmern fördert Wachstum und »reiches Leben«, der Süden fördert das Soziale. Verwenden Sie viele Holzsymbole, die Farbe Grün, Pflanzen und Bilder von Landschaften oder Blumen mit viel Gelb und etwas Rot. Wassersymbole im Südosten können Ihren Wohlstand steigern.

- *Südwesten:* Dieser Abschnitt hat entspannende Energie, die Beziehungen fördert. Verbinden Sie Erde und etwas Metall, wie im Nordosten (siehe oben).
- *Westen, Nordwesten:* Wohnzimmer in diesen Sektoren können Energie, Entschlossenheit und kreatives Denken fördern. Die ideale Chi-Mischung ist Metall, Weiß- und Cremetöne, und Edelstahl mit einigen Erdsymbolen.

Kapitel 5

ESSZIMMER

Leichte Verdauung

Im alten China galt das Esszimmer als Herzstück des Hauses *(hsin tsang)*. Man hielt es für ein Zentrum des Wohlstands: nicht nur, was Geld anging, sondern hinsichtlich eines »reichen Lebens« *(sheng ming ts'ai fu)*, der Lebensqualität und dauerhafter, tiefgehender Beziehungen.

Ein wohnlicher Raum

Der Raum benötigt warme, eher langsame Energie, um die »leichte Verdauung« *(hsiao hua jung i te)* zu fördern. Er sollte an gutes Essen, Vergnügen und Entspannung denken lassen. Am besten nehmen Sie alle Hauptmahlzeiten im Esszimmer oder Essbereich ein und verbringen dort viel Zeit, um von der Energie zu profitieren. Relativ breite Esszimmer mit rechteckigem oder quadratischem Grundriss haben das beste Feng Shui – aber Sie können aus jedem Raum das Optimum herausholen. Wie schon im Wohnzimmer müssen Sie Nischen behandeln, damit das Chi dort freier zirkulieren kann (siehe Seite 73).

Einrichtung des Esszimmers

Gemäß Feng Shui ist das Esszimmer am besten von Wohnzimmer und Küche getrennt, und das Chi jedes Raums sollte sich

Essbereich in einer Küche

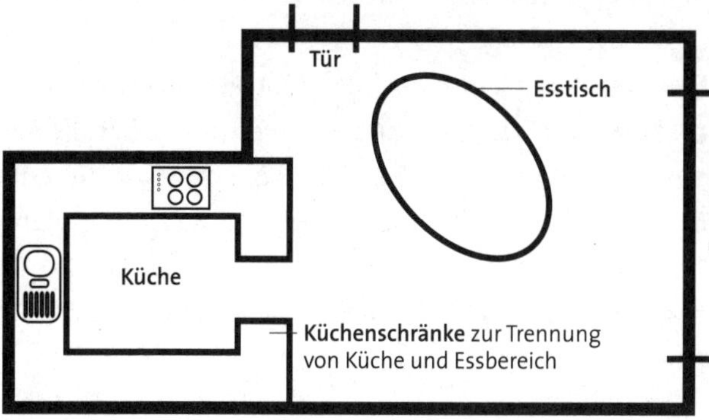

Essbereich im Wohnzimmer

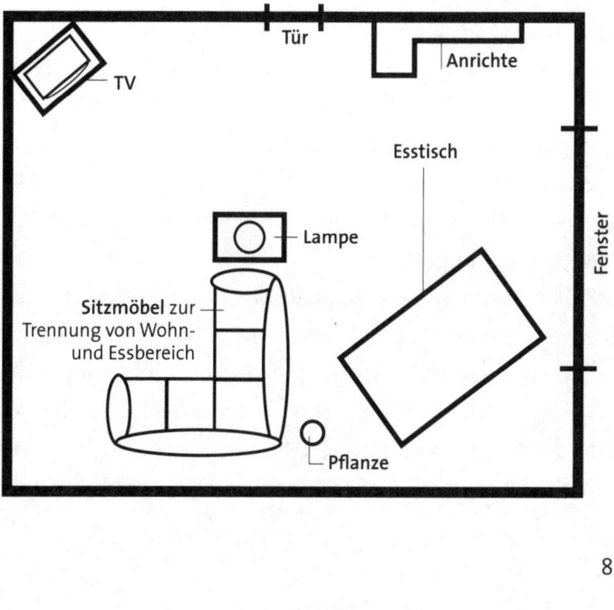

易消化

anders anfühlen. Wenn Sie jedoch kein Esszimmer haben, ist ein separater Essbereich in Küche oder Wohnzimmer ebenfalls eine effektive Lösung.

Die Abtrennung kann durch ein Möbelstück erfolgen, etwa durch eine Anrichte, ein Sofa oder eine Faltwand. Falls Ihnen eine offene Gestaltung lieber ist, können Sie die Trennung durch Deckenfluter, große, breitblättrige, immergrüne Pflanzen oder rechteckige Teppiche andeuten, die zum Bagua-Sektor passen. Im alten Feng Shui wurden solche Raumteiler als »Festungswände« *(yao sai ch'iang pi)* bezeichnet.

Auswahl und Platzierung des Tischs

Ihr Esstisch sollte groß sein, aber bequem in den Raum passen. Am besten sind ovale und runde Formen; einen rechteckigen Tisch können Sie durch runde Formen im übrigen Raum, etwa Teppiche, ausgleichen.

Man stellt den Esstisch am besten in die Mitte des Esszimmers, und zwar etwas schräg zu den Wänden, damit das Chi sanft geschwungen durch den Raum fließt. Steht der Tisch gerade und parallel zu den Wänden, wird das Chi in gerader Linie durch den Raum oder um den Rand geleitet und kann sich in den Ecken verfangen.

Sie können den Tisch auch abseits der Mitte aufstellen, zu einem Ende oder einer Ecke des Raumes hin (siehe unten). Hat das Esszimmer zwei gegenüberliegende Türen, wird das Chi von einer Tür zur anderen drängen; steht der Tisch nicht genau in der Mitte oder schräg, sitzen die betroffenen Personen nicht in der Bahn der rasch fließenden Energie.

Gute und schlechte Platzierung eines Esstisches

GUT

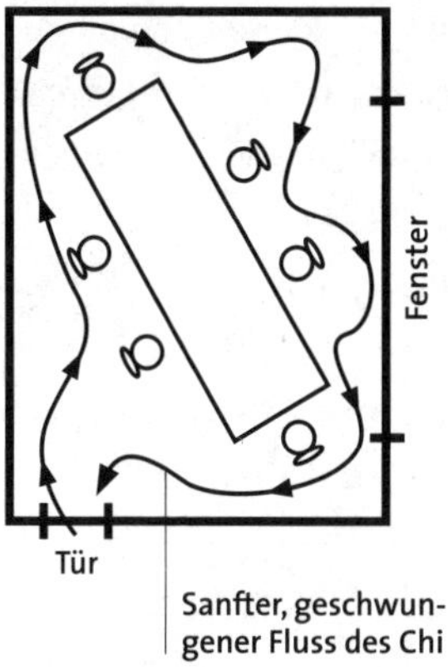

GUT

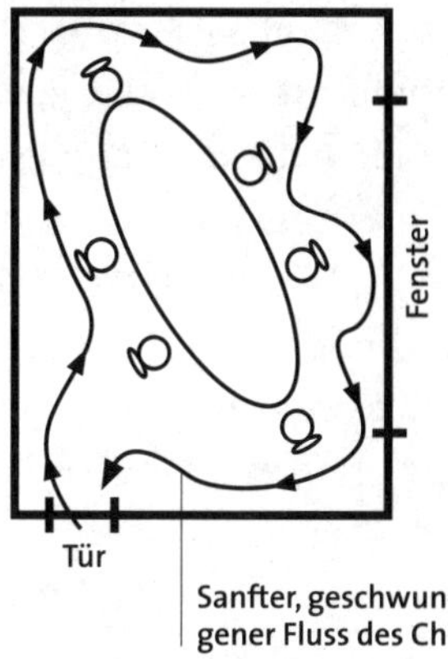

ZIEMLICH GUT

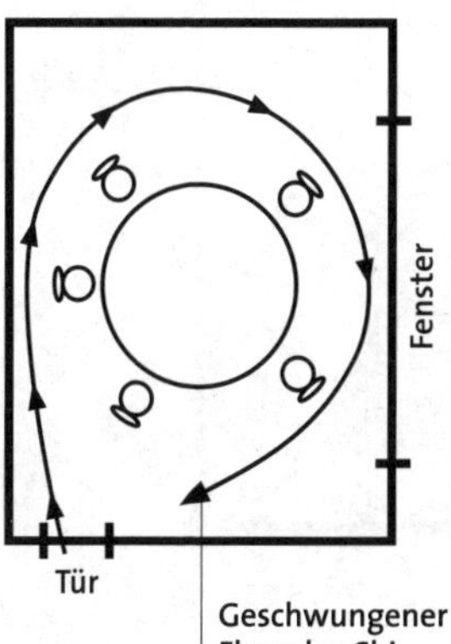

SCHLECHT

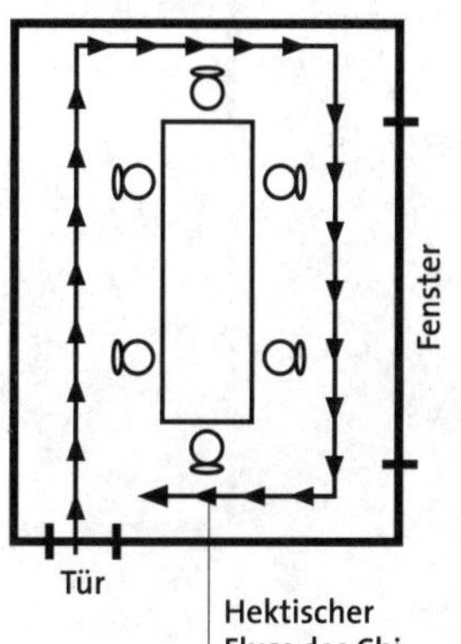

易消化

Gute Sitzplätze

Im Feng Shui ist es üblich, dem ältesten Familienmitglied oder einem wichtigen Gast den Platz des »Ehrengastes« bei Tisch zuzuweisen. Das ist jener Platz, der am weitesten von der Tür entfernt ist, feste Wände dahinter hat und einen guten Blick auf Tür und Fenster ermöglicht. Stellen Sie, wenn möglich, alle Stühle so auf, dass niemand mit dem Rücken zu Tür oder einem großen Fenster sitzt, weil diese »schwache« Position Gefühle der Unsicherheit beim Betroffenen hervorrufen kann. Dieses Problem tritt besonders gerne bei runden Tischen auf, achten Sie hier besonders auf die Anordnung der Sitze.

Tisch und Sitzanordnung

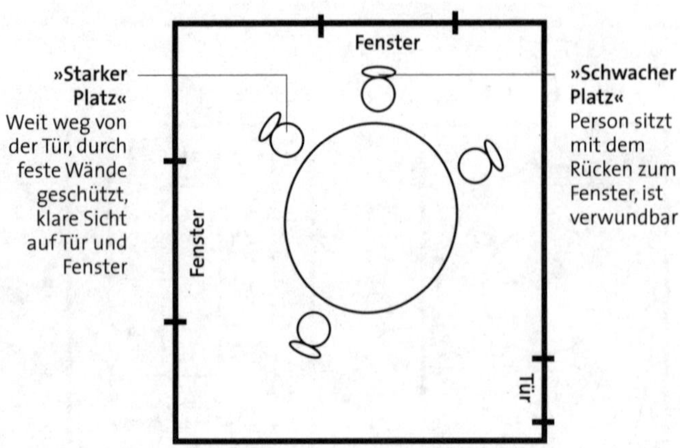

Erste Hilfe

Problem: Sie möchten, dass die Familie gemeinsam die Mahlzeiten einnimmt, aber es kommt immer wieder zu Streitigkeiten.

Lösung: Beruhigen Sie die Energie bei Tisch mit sanfter Beleuchtung und Pastellfarben. Achten Sie darauf, dass niemand an einer »schwachen« Position sitzt (siehe oben), die Unsicherheit und defensives Verhalten auslösen könnte. Wenn jemand jedoch streitsüchtig ist, könnten Sie ihn versuchsweise an eine »schwache« Position setzen, damit er weniger dominant ist.

Die Tischgestaltung

Im Allgemeinen sind schlichte Farben und einfache Formen am besten geeignet, um die beruhigende Energie zu fördern, die Sie bei Tisch benötigen. Wer gerne Muster mag, sollte sich für solche entscheiden, die nicht mehr als eine oder zwei Hauptfarben aufweisen. Senkrechte Streifen sind ideal, weil sie erhebende Energie symbolisieren. Kräftige Muster zerstreuen jedoch das Chi. Die beste Wirkung hat Geschirr, wenn es in gutem Zustand ist. Angeschlagene Teller, Schalen und Gläser sollten aussortiert werden.

Stärken Sie die Energie Ihres Esstisches, indem Sie Sets, Servietten, Tischtücher und Kerzen in Materialien wählen, die zum Bagua-Sektor passen (siehe Seite 90). Sie können farbige Stoffe und Keramik einsetzen, um verschiedene Elemente darzustellen; so steht beispielsweise Weiß für Metall, Grün für Holz und Gelb für Erde. Mit Kristallglas und Kerzen, die für die Mahlzeit angezündet werden, lässt sich auch der »Reichtum« betonen.

Tischschmuck

Eine runde Schale mit rundlichen Früchten mitten auf dem Tisch, das ist ausgezeichnetes Feng Shui. Je mehr Nahrungsmittel Sie zeigen, desto mehr »Lebensreichtum« besitzen Sie. Viele Früchte haben eine besondere Bedeutung: Mit Äpfeln fördern Sie Freundschaft, mit Birnen die Energie, mit Pfirsichen die Gesundheit und mit Orangen den Reichtum. Sie können auch andere Früchte hinzufügen, die Sie gerne mögen.

Auch Blumen sind ein hübscher Schmuck. Gelbtöne sind ideal zur Förderung der Kommunikation. Auch Blumen aus Seide, Papier oder Plastik sind gut. Verwenden Sie jedoch keine Trockenblumen, diese stehen für Verfall und Stagnation.

Glücksenergie

Der Tisch und sein Umfeld müssen »mit Glück aufgeladen« sein *(chuang ho shing yun)*. Um das Gute im Chi zu nähren, eignen sich einige große, weichblättrige Pflanzen in der Nähe des Tisches, wenn sie zum Bagua-Sektor passen. Auch Bilder, die ein Gefühl von Vergnügen und Fülle vermitteln, sind hilfreich; geeignete Motive sind leuchtende Blumen, runde Früchte und sonnige Landschaften.

Vermeiden Sie im Esszimmer elektrische Geräte wie Fernsehapparate und Stereoanlagen; ihre Energie ist zu Yang-betont. Entfernen Sie außerdem alle Uhren, denn diese sind unerwünschte Zeichen der vergehenden Zeit. Ein Esszimmer sollte »ewig« sein *(yung yuan te).*

Beruhigende Farben

Das Chi im Esszimmer muss mehr Yin als Yang sein, damit eine angenehme, entspannende Atmosphäre entstehen kann. Um Yin-Chi anzuregen, halten Sie das Dekor grundsätzlich in Pastell- oder neutralen Farben. Für große Flächen wie Wände sind einzelne Farben am besten. Sie können immer Ziergegenstände und Bilder einsetzen oder Objekte aufstellen, die zum Bagua-Sektor passen, um kräftige Farbtupfer zu setzen.

Versuchen Sie, stark gemusterte Tapeten zu vermeiden, die das Chi zerstreuen können. Wenn dieses Problem bereits besteht, schaffen Sie Abhilfe durch abstrakte Bilder in schlichten, dem Bagua-Sektor entsprechenden Farben.

Beleuchtung und Spiegel

Die Beleuchtung muss gedämpft und beruhigend sein. An der Wand montierte Lampen mit Dimmer sind eine gute Lösung, weil Sie dann die Beleuchtungsstärke Ihrer Stimmung oder einem speziellen Anlass anpassen können.

Auch ein Spiegel dämpft das Licht. Wählen Sie den Rahmen des Spiegels passend zum Bagua-Sektor oder mit abgeschrägter

Kante. Ein großer Spiegel, der den Esstisch reflektiert und Lebensmittel wie eine Schale mit Obst zeigt, verdoppelt den »Lebensreichtum«. Ein Spiegel sollte jedoch niemals eine Küche oder ein Badezimmer reflektieren, denn sonst verdoppelt er schlechte Energie aus diesen Bereichen.

Das Wasser des Lebens

Sauberes, fließendes Wasser symbolisiert Glück, Energie, Gesundheit und »reiches Leben«. Ein kleines Wasserspiel oder Aquarium ist für die meisten Bagua-Plätze von Vorteil. Sie können jedoch auch ein oder zwei Wassersymbole anbringen, etwa Muscheln oder ein Bild von fließendem Wasser. Nur im Nordosten, Süden oder Südwesten dürfen Sie keine Wasserspiele einsetzen; sie vertragen sich nicht mit dem Chi dieser Sektoren.

Goldfische bedeuten Glück und sind ideal für ein Aquarium – am besten drei oder neun; fügen Sie einen schwarzen Fisch hinzu, um Schutz zu symbolisieren. Wenn Sie tropische Fische mögen, halten Sie goldene Platys und einen Black Molly.

Besondere Anlässe

Sie können Beleuchtung und Dekor einsetzen, um die Energie zu verändern und für unterschiedliche Stimmungen zu sorgen. Für ein Essen mit der Familie oder mit Gästen sollte die Beleuchtung gut sein und die Tischgestaltung farbig, um das Yang-Chi zu stärken und die Kommunikation zu fördern. Für ein romantisches Essen wählen Sie dunkle oder pastellfarbene Tischdekorationen und gedämpftes Licht oder Kerzen, um die Yin-Energie zu stärken.

Das Allerwichtigste: die Lage

- *Norden:* Dieser Sektor beeinflusst Beruf und Karriere: Ein Esszimmer in diesem Bereich ist gut für Geschäftsessen. Sie können das Chi mit einem Ziergegenstand oder Bild stärken, das Wasser symbolisiert, oder ein Landschaftsbild aufhängen.
- *Nordosten:* Hier kann das Chi zu lebhaft für ein Esszimmer sein. Sie können es jedoch mit Erdsymbolen beruhigen, etwa mit Kristallglas.
- *Osten, Südosten, Süden:* Diese Sektoren haben besonders gute Energie für Familienesszimmer. Kombinieren Sie im Osten und Südosten Holzsymbole, wie Pflanzen und Landschaftsbilder, mit ein paar Wassersymbolen, etwa einem Ziergegenstand mit Muscheln oder Fischen. Stärken Sie im Süden die Feuerenergie durch Rot und Orange und mit Bildern von Mohnblumen, Sonnenblumen, exotischen Vögeln oder exzentrischen Rockstars.
- *Südwesten, Westen:* Diese Orte sind angenehme Bereiche zum Entspannen. Wenn Ihr Esszimmer im Südwesten liegt und Sie die Beziehung zu Ihrem Partner stärken möchten, stellen Sie jeweils zwei Kerzen oder Vasen in einer leuchtenden Farbe auf. Um das Chi im Westen zu verbessern, wählen Sie runde Vasen oder leere Schalen aus glänzendem Metall. Ein zusätzlicher Kristall (Erde) verhilft zu einer hilfreichen Energiemischung.
- *Nordwesten:* Das Esszimmer im »Autoritätssektor« ist ideal für Geschäftsessen. Runde Metallvasen oder -schalen können das Chi stärken.

Kapitel 6

KÜCHE

Erbitterte Rivalen, zornige Nachbarn

Küchen sind notwendige Räume, doch in ihnen das richtige Energieverhältnis zu erzielen, kann sich als recht schwierig erweisen. Die Küche wird immer ein »Yang«-Raum sein, in dem es viel Aktivität gibt. Scharfe Kanten und elektrische Geräte können jedoch dazu führen, dass das Chi dort zu bewegt wird. Ein weiteres Problem ist die Unverträglichkeit der Elemente Feuer und Wasser, wie Backofen und Spüle. Im alten Feng Shui wurden diese widersprüchlichen Elemente als »erbitterte Rivalen, zornige Nachbarn« bezeichnet. Diese Unverträglichkeit teilt und zerstreut den Chi-Fluss nur allzu häufig.

Die »Alchemie« *(lien chin shu)* des Feng Shui hilft Ihnen, diese Probleme zu lösen, falls sie auftauchen. Ganz allgemein müssen Sie darauf achten, dass die Energie im Gleichgewicht bleibt, um aktives, wohltuendes Chi zu fördern. Das erfordert den Einsatz sowohl des Nährenden als auch des Schwächenden Zyklus der Elemente (siehe Seite 47).

Vermeiden Sie außerdem Streit in der Küche, reduzieren Sie die Anzahl scharfer Kanten auf ein Minimum und versuchen Sie, dort nicht zu viel Zeit zu verbringen. Bereiten Sie Speisen zu und gehen Sie dann ins Esszimmer oder den Essbereich, um sie zu genießen.

Die Planung der Küche

Die wichtigste Aufgabe ist es, »Feuer«- und »Wasser«-Gegenstände in Ihrer Küche zu erkennen. Backofen, Herd, Mikrowelle und Toaster gehören zum Element Feuer, Spüle, Kühl- und Gefrierschrank, Waschmaschine und Geschirrspüler zum Element Wasser. Wasser löscht Feuer.

Am naheliegendsten wäre es, ein Dreieck aus Backofen, Herd, Spüle und Arbeitsfläche zu bilden. Das verhindert Konflikte zwischen den Energien der wichtigen Elemente Feuer und Wasser (siehe unten) und ist außerdem praktisch, weil Sie leicht zwischen diesen drei Bereichen hin- und hergehen können.

Gut ist auch, wenn sich Backofen und Spüle zwar an einer Wand befinden, aber durch die Arbeitsfläche getrennt sind.

Ein ideales »Dreieck«

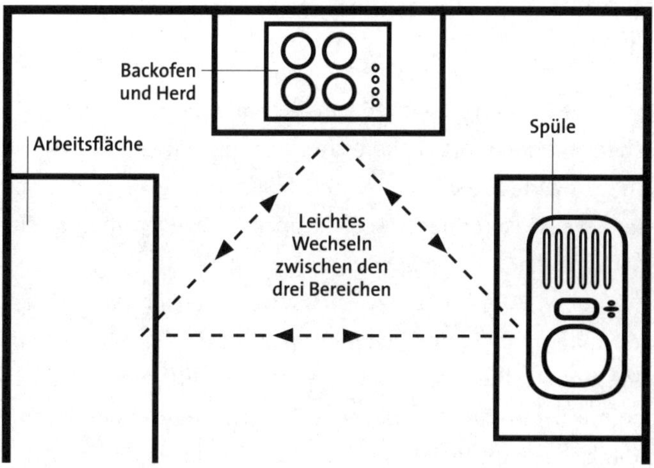

水火不容

Wenn Sie eine neue Küche planen, vermeiden Sie, die Elemente Feuer und Wasser nebeneinander oder gegenüber aufzustellen, weil es zu energetischen Konflikten kommt. So sollte beispielsweise der Backofen nicht gegenüber dem Kühlschrank oder neben dem Geschirrspüler stehen.

Feuer und Wasser trennen

Auch wenn Sie Ihre Küche nicht umplanen können, gibt es mehrere Möglichkeiten, Feuer- und Wasserenergien zu trennen. Eine Methode ist, sie mit Hilfe von Licht symbolisch »auseinanderzuschieben«. Wenn Sie Spots in der Küche haben, richten Sie einen auf das Element Wasser und einen auf das Element Feuer. Zusätzlich könnten Sie einen dritten Spot auf die Küchentür richten, um die Küche vom Rest des Hauses zu trennen. Wenn die Küche einen Essbereich umfasst, können Sie das Licht auf diesen richten, um ihn vom übrigen Raum abzutrennen.

Befindet sich der Backofen gegenüber der Spüle und ist die Küche groß genug, könnten Sie die beiden durch einen dazwischenliegenden Arbeitsbereich trennen. Wählen Sie jedoch eine einfache Arbeitsfläche. Stellen Sie in diese »Insel« keinen Herd, weil Gasbrenner oder Elektroplatten wiederum Feuerelemente sind.

Feuer und Wasser lassen sich auch ganz unkompliziert trennen, indem man dem Element Wasser zugeordnete Dinge wie eine Kühl-Gefrier-Kombination hinter der Tür eines Küchenschranks verbirgt. (»Verstecktes verschwindet«, lautet eine praktische Grundregel des Feng Shui.) Oder noch einfacher:

Nebeneinanderliegende Elemente trennen

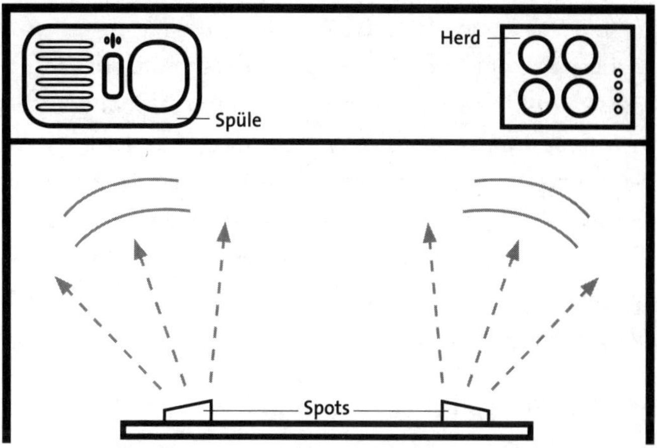

Gegenüberliegende Elemente trennen

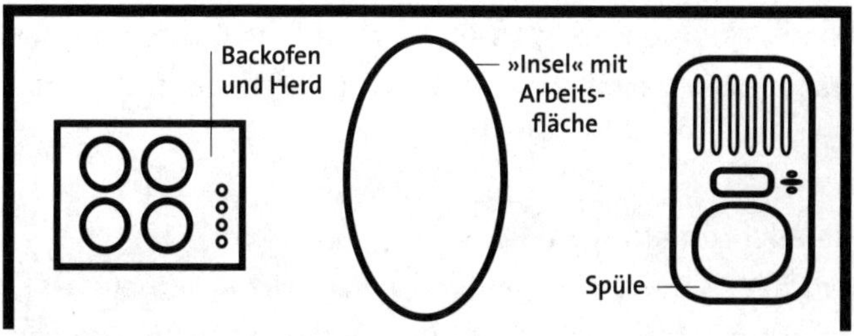

Legen Sie einen dünnen, rutschfesten Teppich oder Läufer in einer schlichten, zum Bagua-Sektor passenden Farbe zwischen die unverträglichen Elemente.

水火不容

Essbereiche

Essen Sie, wenn möglich, in einem eigenen Esszimmer, wo die Energie eine Atmosphäre der Ruhe und des »reichen Lebens« begünstigt (siehe Seite 82). Nehmen Sie Mahlzeiten nach Möglichkeit nicht in der Küche ein, wo das Chi zu stark und zu hektisch ist, als dass eine gute Verdauung gewährleistet wäre. Wenn Sie jedoch kein Esszimmer haben, können Sie auch in der Küche einen eigenen Essbereich schaffen, indem Sie ihn durch Küchenschränke oder Möbel (siehe Seite 83) abtrennen und mit Farben und Materialien gestalten, die beruhigende Energien fördern.

Die Auswahl der Farben

Der geschickte Einsatz von Farben ist die einfachste Möglichkeit, Energien in der Küche harmonisch zu kombinieren. Verwenden Sie nur zwei oder drei Hauptfarben, um das Chi nicht übermäßig anzuregen. Helle Farben an den Wänden beleben, ohne zu kräftig zu sein. Wenn Sie möchten, können Sie einige stärkere Effekte mit Gegenständen erzielen, die zum Bagua-Sektor passen (siehe Seite 103f.).

Beleuchtung und Spiegel

Um das Chi aufzufrischen und besser zirkulieren zu lassen, brauchen Sie viel natürliches und künstliches Licht. Halogenlampen in der Decke sind ideal, weil sie fast keinen Schatten werfen. Auch Leisten mit drei oder fünf Spots sind ausgezeichnet. Vermeiden Sie jedoch Leuchtstoffröhren; ihre Energie ist zu stark, das Flackern kann Kopfschmerzen verursachen. Wenn Sie

Leuchtstoffröhren haben, die Sie nicht ausbauen können, bauen Sie viele runde Formen ein (siehe unten), um die Energie abzuschwächen.

Bringen Sie in Küchen niemals Spiegel an, denn diese reflektieren die Energie der »toten« Nahrungsmittel und verdoppeln sie. Wenn Sie für den Bagua-Sektor reflektierende Flächen benötigen, wählen Sie glänzende, abgerundete Utensilien aus Edelstahl oder Chrom. Diese Gegenstände spiegeln ihre Umgebung, verzerren das Bild aber und verursachen daher nicht die gleichen Probleme wie Spiegel.

Oberflächen und Ecken

Lassen Sie das Chi frei fließen, indem Sie die Arbeitsfläche frei halten. Lassen Sie keine schmutzigen Teller oder sonstigen Dinge herumstehen – Unordnung zieht stagnierendes Chi an, das ins Essen übergehen kann. Wenn Sie Wasserkocher, Toaster oder Kaffeemaschinen auf der Arbeitsfläche stehen haben müssen, schieben Sie sie nach hinten.

Die scharfen Kanten in einer Küche stimulieren Yang-Chi, zu viele können jedoch zu Spannungen und Streitigkeiten zwischen Menschen führen (oder, wie einmal jemand gesagt hat, zu »Küchen-Kabbeleien«). Sorgen Sie für Ausgeglichenheit durch abgerundete Ecken an Küchenschränken und Arbeitsflächen und durch runde, glänzende Utensilien, damit das Chi sich winden und schlängeln kann. Haben Ihre Schränke scharfe Ecken, bringen Sie Lampen an der Unterseite und im Inneren der Hängeschränke an, und schalten Sie beim Arbeiten das Licht ein.

水火不容

Aufbewahrung von Utensilien

Bewahren Sie Küchenutensilien in Schränken auf oder stapeln Sie sie sauber, wenn sie nicht verwendet werden. Steht Ihr Backofen jedoch an einer ungünstigen Bagua-Stelle, können Sie Metalltöpfe darüber oder daneben hängen, um die Feuerenergie abzuleiten. Bewahren Sie Messer im Messerblock und Scheren in einer Schublade auf. Solche scharfen Instrumente sollten nach Möglichkeit nicht sichtbar sein, weil sie schädliches Chi abgeben.

Elektrische Geräte

Die elektromagnetische Energie von Geräten wie Mixer, Wasserkocher und Toaster trägt zu Yang-Chi bei. So wie bei TV und Stereoanlage im Wohnzimmer (siehe Seite 78f.) können Sie diese elektrischen Geräte jedoch einsetzen, um wohltuendes Yang-Chi zu erhöhen (siehe Seite 78f.). Pflegen Sie die Geräte gut, damit sie sicher und effizient funktionieren, und achten Sie darauf, dass sie leise arbeiten, damit sie gutes Chi abgeben.

Mahlzeiten planen

Die Farben und Geschmacksrichtungen von Speisen können verschiedene Mischungen von Yin- und Yang-Chi erzeugen. Leuchtend gefärbte Nahrungsmittel sind Yang; bei grünem Gemüse sind Yin und Yang im Gleichgewicht; weiße Nahrungsmittel, wie Milchprodukte, sind Yin. Sie können jedem Gang eines Menüs seine Energie zuweisen. So sind beispielsweise Vorspeisen meist Yang, Hauptgerichte eine Yin-Yang-Mischung und der Nachtisch Yin.

Wohin mit dem Mikrowellenherd?

Mikrowellenherde geben elektromagnetische Energie ab, die im Feng Shui als schädlich gilt (siehe Seite 167). Vermeiden Sie den Gebrauch der Mikrowelle, wenn es geht, oder verwenden Sie sie so selten wie möglich. Um die Energie zu kontrollieren, stellen Sie das Gerät in eine Feuer-dominierte Ecke. (Mikrowellenherde sind meist aus glänzendem Metall, das Wasser symbolisiert und Feuer »löscht«.) Oder verstecken Sie es in einem Schrank.

Wenn Sie eine neue Küche planen, bauen Sie die Mikrowelle in die Küchenschränke ein, so dass man nur die Vorderseite sieht.

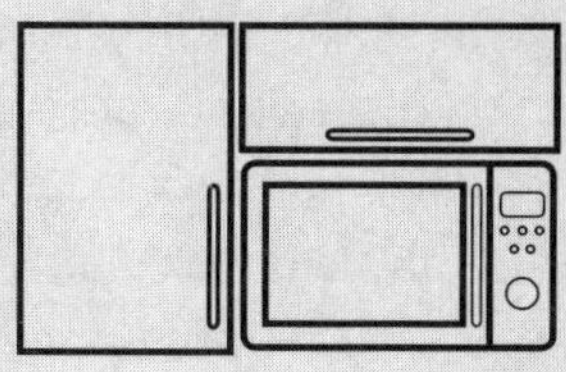

Entspannende Mahlzeiten mit persönlicher Atmosphäre benötigen mehr Yin-Chi, Partys und Geschäftsessen mehr Yang. Bei einer Kinderparty könnten Sie mit Spiel und Aktivität beginnen und dann beruhigende Yin-Gerichte anbieten; vermeiden Sie wenn möglich kräftige Farben und Fleisch, sie sind zu Yang-betont.

Die Zubereitung der Speisen

Die Küche hat durch die dort zubereiteten Fleisch-, Obst- und Gemüsesorten ein sehr negatives Chi. Sobald die Zutaten zu Speisen verarbeitet wurden, bringen sie Glück, die Zubereitung

水火不容

und sogar der Geruch sind jedoch schlechtes Feng Shui. Halten Sie die Küchentür möglichst immer geschlossen, damit starke Gerüche nicht das ganze Haus erfüllen können. Achten Sie außerdem darauf, dass man von der Eingangstür oder von anderen Räumen nicht in die Küche sehen kann.

Hilfreiche Kräuter

Frische Kräuter in kleinen Töpfen zur sofortigen Verwendung stimulieren wohltuendes Chi, weil Kräuter nährende Lebensmittel sind. Kaufen Sie diese regelmäßig in Ihrem Supermarkt und stellen Sie sie bis zur Verwendung auf das Fensterbrett; die Kräuter nehmen auch durch das Fenster gutes Chi auf. Ist die Küche mit dem Esszimmer verbunden, beseitigen duftende Kräuter Gerüche und stagnierende oder sogar giftige Energie aus der Nahrungszubereitung.

Wenn Sie selbst Kräuter ziehen möchten, tun Sie das außerhalb. Günstige Elemente wie Topfpflanzen (sowie Glücksbringer oder Haustierkörbe) haben in Küchen keinen Platz, weil das Glück, das sie aussenden, in der schlechten Energie des Raumes verloren geht.

Betten über der Küche schützen

Befindet sich Ihre Küche unmittelbar unter einem Schlafzimmer, prüfen Sie, ob ein Bett unmittelbar über dem Backofen steht. Die Hitze von Herd oder Backofen »kocht« oder »verbrennt« das innere Chi desjenigen, der regelmäßig in diesem Bett schlafen muss, greift das Immunsystem an und führt zu quälenden Infektionen, Erkältungen, Husten, Hals- und Kopfschmerzen.

Die beste Lösung ist, Bett oder Backofen zu verschieben. Ist das nicht möglich, legen Sie ein silbern gestrichenes oder mit Alufolie bedecktes Brett unter das Bett, mit der glänzenden Seite nach unten. Das Brett muss nur so groß sein, dass Kopf und Brust des Schlafenden geschützt sind. In der Küche können Sie viele glänzende, runde Metallutensilien verwenden, etwa Töpfe aus Edelstahl und Chrom, die Sie mit Wasser füllen und über Nacht auf den Herd stellen. Eine Dunstabzugshaube aus Edelstahl über dem Herd ist ebenfalls sinnvoll. Glänzendes, reflektierendes Metall symbolisiert in jedem Fall Wasser und »löscht Feuer«.

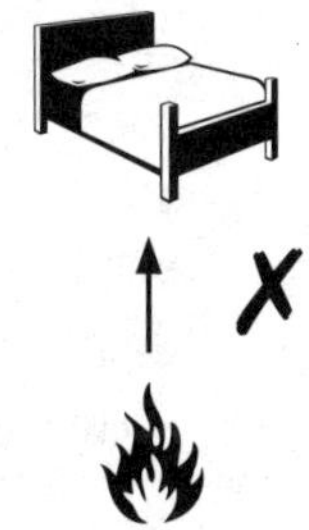

Mit den Energien der Elemente arbeiten

Im alten China lag die Küche im Osten (Holz) oder im Südosten (Holz mit etwas Wasser und Wind). Der Südosten war am günstigsten, weil man annahm, dass die Brise »hilft, das Holzkohlenfeuer über Nacht zu erhalten«. Der Südosten symbolisiert auch das »reiche Leben«: Wohlstand, Gesundheit und befriedigende familiäre Beziehungen.

Die Tabelle auf Seite 103 zeigt, wie Feuer und Wasser zum jeweiligen Bagua-Sektor passen. Osten und Südosten können diese Energien unterstützen, daher sind sie ideal für eine Küche. Die anderen Sektoren unterstützen nur Feuer, nur Wasser oder keines von beiden; dort müssen Sie die Energien sorgfältig kombinieren.

水火不容

Haben Sie Holzschränke in einem Bagua-Sektor, zu dem Holz nicht passt, können Sie dennoch von der Energie des Holzes profitieren, wenn Sie diese passend zum Sektor (siehe Seite 103) streichen oder eine geeignete Holzfarbe wählen.

Wenn Sie Holz (oder irgendein Material) streichen, nimmt es die Energie des Elementes an, für das diese Farbe steht. Die Farbe an der Oberfläche ist stärker als die Energie des Holzes darunter. Weiß gestrichenes Holz »wird« beispielsweise Metall. Auch die natürliche Farbe des Holzes kann dabei helfen. Kiefer und Eiche symbolisieren Holz, aber Ahorn ist so hell, dass es Metall symbolisiert, und Kirsche steht für Erde. Für den Boden können Sie Fliesen, Kunststoffbelag oder Holz verwenden, je nach Bagua-Sektor.

Erste Hilfe

Problem: Ein Feuerelement befindet sich in einem von Wasser dominierten Bagua-Sektor, oder umgekehrt, und kann nicht umgestellt werden.

Lösung: Bringen Sie andere Elemente ein, um den Konflikt zu beenden. Haben Sie einen Backofen im Norden, verwenden Sie glänzendes Metall, um die Wasserenergie zu zerstören. Befindet sich die Spüle im Süden, umgeben Sie sie mit Erdfarben oder -symbolen, die Wasser »aufsaugen«. Wählen Sie warme Erdfarben für die Wände, Arbeitsflächen aus Granit oder Marmor und Fliesen aus Stein oder Terracotta über der Spüle.

Feuer- und Wasserenergien regulieren

Sektor	*Dominierendes Element*	*Unterstützt Feuer*	*Unterstützt Wasser*
Norden	Wasser	Nein	Ja
Nordosten	Erde	Ja	Nein
Osten	Holz	Ja	Ja
Südosten	Holz	Ja	Ja
Süden	Feuer	Ja	Nein
Südwesten	Erde	Ja	Nein
Westen	Metall	Nein	Ja
Nordwesten	Metall	Nein	Ja

Die Energie in einer Waschküche

Befindet sich neben der Küche eine Art Waschküche, kann die Wasserenergie dem Rest des Hauses Energie entziehen wie ein Badezimmer (siehe Seite 105). Beheben Sie das Problem mit Erdsymbolen, etwa mit warmen Gelb-, Apricot- oder Karamelltönen für die Wände und Terracotta- oder Steinfliesen.

Das Allerwichtigste: die Lage

➤ *Norden:* Die hilfreichsten Elemente in einer nördlichen Küche sind Holz und Metall, weil beide im Nährenden Zyklus von Wasser unterstützt werden (siehe Seite 47). Metallfarben und Weiß, Küchen im Shaker-Stil und Arbeitsflächen und Böden aus Holz sind eine gute Wahl.

➤ *Nordosten:* Eine Kombination von Erde und Metall funktioniert hier gut. Gut sind warme Erdfarben wie Grau-Beige und Karamell für die Wände; Terracotta- oder Steinböden; Arbeitsflächen aus Granit oder Marmor; und glänzende Töpfe und Utensilien aus Edelstahl, Chrom, Kupfer oder Messing.

➤ *Osten:* Im Osten dominiert das Element Holz, daher sind Holzflächen und »Holz«-Farben wie Grün in östlichen Küchen am besten geeignet. Auch Gelb- und Rottöne begünstigen hilfreiche Energie.

➤ *Südosten:* Der günstigste Sektor für Küchen überhaupt, er wird vom Element Holz dominiert. Daher sind Holzflächen und »Holz«-Farben (siehe Osten, oben) hier besonders günstig.

➤ *Süden:* Holz- und Erdsymbole sind in Küchen, die im Süden liegen, hilfreich, weil diese Elemente Feuer unterstützen, das dominierende Element im Süden. Holzschränke und -böden, Erdfarben, Terracotta- oder Steinböden und Arbeitsflächen aus Holz oder Granit passen hier gut.

➤ *Südwesten, Westen, Nordwesten:* Bei Küchen in diesen Sektoren mischt sich glänzendes Metall mit warmer Erde. Metallfarben (Weiß, Creme, Silbergrau) und/oder abgerundete Utensilien aus Metall bringen hilfreiche Energien. Erdfarben wie Karamell und Grau-Beige, Terracotta- oder Steinböden und Arbeitsflächen aus Granit oder Marmor sind ebenfalls günstig.

Kapitel 7

BADEZIMMER

Energieabfluss

Sauberes, reines, fließendes Wasser bedeutet gutes Yang-Chi, Kraft und »reiches Leben« *(ts'ai fu)*. Räume mit viel Wasser, wie Badezimmer und Waschküchen, erfordern jedoch im Feng Shui eine besonders sorgfältige Behandlung. In diesen Räumen verschmutzen wir beständig Wasser, wenn wir es verwenden. Wenn das schmutzige Wasser abläuft, ist das Chi bei Ihnen zuhause verschmutzt und geht dann verloren. Es entzieht dem Gebäude und möglicherweise Ihnen selbst Schutz und Energie. Diesen Vorgang bezeichnet man wörtlich als »Abfluss« *(kou chou)*. Sie können dieses Problem jedoch leicht in den Griff bekommen und Ihr Badezimmer optimieren.

Ein gesundes Badezimmer

Wenn Sie den Energieabfluss unterbinden wollen, ist Ihr stärkster Verbündeter das Element Erde. Im Schwächenden Zyklus der Elemente (siehe Seite 47) blockiert und absorbiert Erde Wasser, so wie Löschpapier Tinte aufnimmt. Erdfarben und -accessoires (siehe Seite 109) regulieren auch das Yang-Chi des Wassers, so dass die Energie stark, aber nicht übermächtig ist.

Das Chi in einem Badezimmer sollte etwas mehr Yang- als Yin-betont sein. Um »reiches Leben« zu fördern, ohne Wasser einzusetzen, wählen Sie abgerundete Formen für Einrichtungselemente wie Badewannen und Waschbecken und Accessoires wie Spiegel (siehe Seite 111f.). Diese Formen lassen das Chi auch »maßvoll und gewunden« fließen. Meiden Sie gerade Linien, wenn möglich – sie beschleunigen das Chi.

Die Planung Ihres Badezimmers

Wenn Sie ein neues Badezimmer planen, versuchen Sie es so anzulegen, dass sich Waschbecken und Abfluss der Badewanne an derselben Wand befinden. So konzentriert sich die abfließende Energie in einem Bereich. Das stärkt auch die anderen Wände, was von Vorteil ist, wenn an die andere Seite dieser Wände ein Schlafzimmer oder Büro angrenzt.

Verbergen Sie außerdem, wenn möglich, die Toilette in einer Nische oder hinter einer Tür, damit der Blick beim Betreten des Badezimmers nicht sofort darauf fällt. (Wenn Sie in einem fremden Haus das Badezimmer aufsuchen und einen Augenblick nach der Toilette suchen müssen, ist das genau der gewünschte Effekt.) Denken Sie daran, die Badezimmertür geschlossen zu halten, um das übrige Haus vor dem Energieabfluss zu schützen.

Liegt das Badezimmer über der Küche, versuchen Sie nach Möglichkeit zu vermeiden, dass sich die Toilette über dem Backofen befindet, weil die Wasserenergie der Toilette mit der Feuerenergie des Backofens kollidiert (siehe Seite 100f.). Befindet sich dort bereits eine Toilette, verlegen Sie einen Boden, der dem Erdelement zugeordnet ist, wie Terracotta, Kalkstein oder Schiefer; dessen Energie blockiert das Wasser.

Ein gut eingerichetes Badezimmer

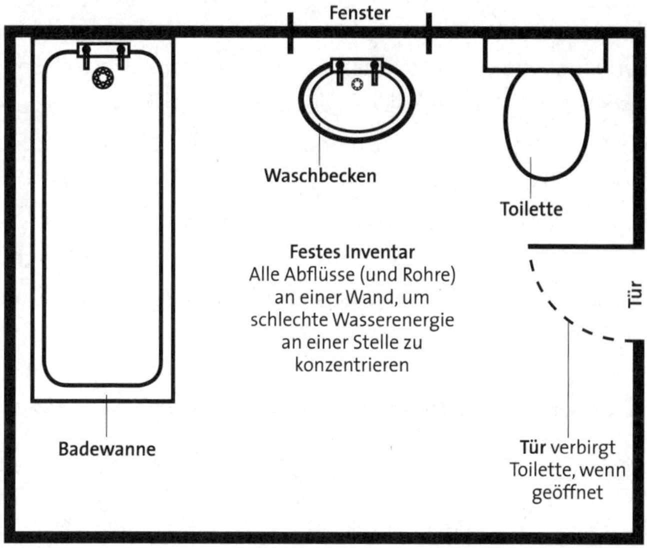

Die Vorteile bodengleicher Duschen

Bodengleiche Duschen (ohne Duschwanne) erfreuen sich zunehmender Beliebtheit und sind aus Feng-Shui-Sicht vorteilhaft, weil sie schmutziges Wasser sofort abfließen lassen, während Sie duschen – im Gegensatz zu Bade- und Duschwannen, in denen das Wasser stehen bleibt. Wenn Sie eine bodengleiche Dusche einbauen, wählen Sie einen rutschfesten Boden aus dem Element Erde, wie Kalkstein, Schiefer, Granit oder Terracotta.

Die Kraft des Lichtes

Natürliches Licht ist im Badezimmer wichtig, weil es zur Stabilisierung und Auffrischung des Chi beiträgt. Häufig gibt es dort, vor allem in kleinen Toilettenräumen, gar keine Fenster. Jedes Badezimmer, und speziell eines ohne Fenster, braucht eine gute Beleuchtung. An der Decke montierte Halogenleuchten werfen kaum Schatten, und mit Hilfe von Leisten mit drei oder fünf Spots können Sie Problembereiche korrigieren. Richten Sie die Spots auf Tür, Toilette, Waschbecken, Badewanne und Dusche, um diese symbolisch »auseinanderzuschieben« und so ihre Wirkung auf die Energie des Raumes zu verringern.

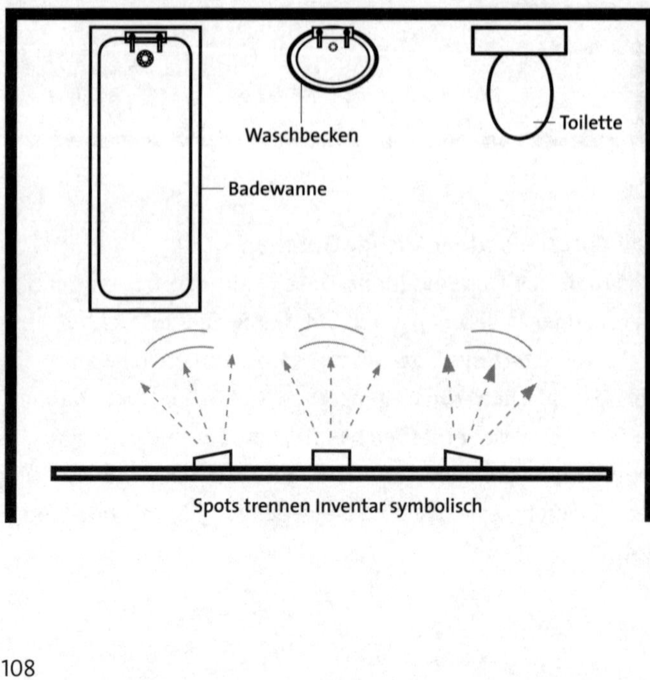

Spots trennen Inventar symbolisch

Perfekte Installationen

Erhalten Sie das Inventar des Badezimmers in gutem Zustand, beheben Sie auftretende Probleme wie tropfende Wasserhähne und undichte Stellen sofort. Abgesehen vom praktischen Nutzen ist es auch aus Sicht des Feng Shui eine lohnende Investition, den Installateur kommen zu lassen, weil man damit unnötigen Energieabfluss unterbindet.

Erdfarben

Verwenden Sie im gesamten Badezimmer Erdfarben und -symbole. Erdfarben vermitteln ein warmes, einladendes Gefühl und bieten den starken Schutz, den Sie brauchen, damit das Chi nicht abgelenkt wird und verloren geht.

Verwenden Sie für Wände, Fliesen und Inventar Farben wie Gelb, Terracotta, Karamell, Stein, Rosa, Pfirsich, Apricot und Pflaume. Auch Accessoires wie Handtücher, Bademäntel, Badetücher und Duschvorhänge in diesen Farben sind hilfreich. Wenn Sie Muster einsetzen möchten, sollten diese möglichst einfach sein und nur zwei oder drei Hauptfarben aufweisen. Bei Verwendung der richtigen Farben werden Sie die Wärme spüren.

Schützende Accessoires

Eine besonders gute Methode, wohltuende Erdenergie anzuregen, ist, das Badezimmer mit Erd-Accessoires zu dekorieren. Sie könnten Schalen oder Töpfe aus Stein oder Terracotta aufstellen, die mit hübschen, runden Kieseln gefüllt sind, sowie Nachtlichter und Kerzen in Erdfarben. Sie können auch hübsche Kiesel in Abflusslöcher legen, wenn eine Badewanne oder ein

Waschbecken gerade nicht benutzt wird, um geringe Energieverluste zu vermeiden; achten Sie nur darauf, dass die Kiesel so groß sind, dass sie nicht in den Abfluss rutschen. Im Feng Shui sagt man oft, dass Abflüsse zugestöpselt werden sollen, aber Kiesel erfüllen diese Aufgabe viel besser. Sollte der Wasserhahn anfangen zu tropfen, wenn Sie nicht zu Hause sind, lässt der Kieselstein immer noch Wasser ablaufen; der Stöpsel führt jedoch dazu, dass es sich ansammelt.

Die Kraft der Düfte

Angenehmer Duft kann das Chi in einem Badezimmer stimulieren und ist eine schnelle und einfache Methode, sich angeregt oder aber entspannt zu fühlen. Duftkerzen verbessern die Atmosphäre zusätzlich durch ihr sanftes Licht. Längere Wirkung erzielen Sie mit einer Schale voller Duftsteine. Lavendel und Zitrus sind wohltuend, weil sie Erde symbolisieren. Patschuli ist ebenfalls günstig, weil es reinigend wirkt. Vermeiden Sie jedoch Kiefer oder Sandelholz, weil diese zum Element Holz gehören, sowie blumige Düfte, denn diese haben sehr feurige Energie.

Schaffen Sie keine Strandidylle!

Wenn Sie Wassersymbole und -dekorationen im Badezimmer verwenden, vermehren Sie die Yin-Energie und verschärfen die Probleme. Das klassische blaue Badezimmer mit vielen Muscheln, Delfinen, Krabben, Seesternen, Schwertwalen, Fischerbooten, Fröschen, Fischernetzen, Tauchern und so weiter – was ich als die »Unterwasserwelt von Jean-Jacques Cousteau« bezeichne – sollten Sie nach Möglichkeit vermeiden.

Die Farbe Blau ist ein Wassersymbol und sollte von Räumen, die ohnehin übermäßig von Wasser beherrscht werden, ferngehalten werden. (Der Einsatz von Blau sollte überall gut überlegt werden; verwenden Sie blaue Farbtupfer, aber arbeiten Sie möglichst nicht mit großen Flächen.) Blau wirkt mitunter kalt und wenig einladend, und ein Badezimmer kann, vor allem im Winter frühmorgens, ohnehin ein kalter Raum sein. Diese Wirkung braucht man nicht noch zu verstärken.

Der Einsatz von Holz und Metall

Viele Menschen haben im Badezimmer Pflanzen oder Möbelstücke aus Holz. Sie sollten sich jedoch vor Holz hüten, weil Holz im Nährenden Zyklus der Elemente Wasser unterstützt; es wird die schlechte Wirkung des Wassers also noch verstärken. Ersetzen Sie Holzsymbole durch Erdsymbole, oder streichen Sie fest eingebaute Holzsymbole in Erdfarben; das Holz nimmt durch das Streichen jenes Element auf, das die Farbe symbolisiert. Metallfarben, wie Weiß oder Silber, haben im Badezimmer eine neutrale Wirkung, können aber eine kalte Atmosphäre entstehen lassen. Gleichen Sie sie durch Erdsymbole aus.

Spiegel

Spiegel können Badezimmer heller machen, als Wassersymbole aber den Energieabfluss verstärken. Wählen Sie den Spiegel gerade so groß, dass er seinen Zweck erfüllt. Der Rahmen oder eine abgeschrägte Kante sollte die Wasserenergie regulieren. Hängen Sie ihn so auf, dass sich weder Toilette noch Bidet darin spiegeln. Andererseits sollte er so hoch hängen, dass der größten Person im Haushalt nicht der Kopf oben »abgeschnitten« wird. Vermeiden Sie Spiegelfliesen, weil deren Ränder das Chi aufspalten.

»Verstecken« Sie das Badezimmer

Ein Spiegel außen an der Badezimmertür lässt den Raum effektiv »verschwinden« und hilft zu verhindern, dass die Energie aus dem Haus über das Badezimmer abfließt. Ein solcher Spiegel ist besonders dann sinnvoll, wenn das Badezimmer neben oder gegenüber einer Vorder- oder Hintertür oder einer Tür zu Schlafzimmer, Küche, Arbeitszimmer oder Büro liegt.

Sie können das Badezimmer auch »verstecken«, indem Sie die Tür stets geschlossen halten. Handelt es sich um ein angeschlossenes Badezimmer ohne Tür, bauen Sie entweder eine Tür ein oder, wenn das nicht möglich ist, hängen Sie einen Vorhang vor den Eingang, um es vom Schlafzimmer zu trennen.

Den Energieverlust einschränken

Man sagt oft, die Toilettenspülung »spüle den Wohlstand fort«. Genauer gesagt entzieht das Abfließen des schmutzigen Wassers durch die Toilette Ihrem restlichen Heim das Chi (siehe Seite 105). Um diesen Energieverlust zu unterbinden, schließen Sie vor dem Spülen den Toilettendeckel und halten ihn zu anderen Zeiten stets geschlossen.

Als zusätzlichen Schutz gäbe es eine traditionelle Feng-Shui-Methode, um den Energieabfluss durch eine Toilette zu unterdrücken, nämlich ein kleines, unauffälliges Windspiel mit fünf festen Metallstäben, das man über der Toilette aufhängt. Die Stäbe drücken Energie hinunter in die Toilette. Wenn dieses Hilfsmittel nicht Ihrem Geschmack entspricht, verwenden Sie einfach Erdfarben, wie auf den vorhergehenden Seiten beschrieben, und stellen Sie eine Schale oder einen Topf mit hübschen Kieseln in der Nähe der Toilette auf, damit weniger Energie abfließt.

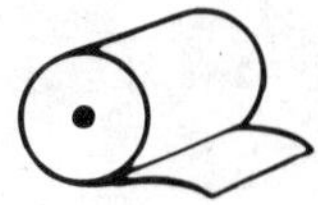

Erste Hilfe

Problem: Ihr Badezimmer liegt ungünstig, etwa neben oder gegenüber der Eingangstür oder gegenüber der Hintertür.

Lösung: Blockieren Sie den Energieabfluss durch das Wasser sofort mit Hilfe von warmen, satten Erdfarben im Badezimmer. Halten Sie die Tür geschlossen. Befindet sich das Badezimmer links neben der Eingangstür (von innen betrachtet), hängen Sie einen Spiegel an die Badezimmertür, um den Raum »zu verstecken«.

Optimale Badezimmer in jedem Bagua-Sektor

Badezimmer können jedem Bagua-Sektor leicht Energie entziehen. Egal, in welchem Sektor das Badezimmer liegt, die Lösung lautet: Erdfarben einbringen, um den Energieabfluss zu blockieren. Sie können auch Metall verwenden, meiden Sie jedoch Feuer, Holz und vor allem andere Wassersymbole.

Am Allerwichtigsten: die Lage

- *Norden:* Bei einem nördlichen Badezimmer müssen Sie besonders vorsichtig sein, weil dieser Sektor bereits von Wasser dominiert wird und die Wasserenergie daher schnell übermächtig werden kann.
- *Nordosten:* Dies ist einer der besten Sektoren überhaupt für ein Badezimmer, weil er von der Erde dominiert wird, die mithilft, die Energie des Wassers zu beherrschen.
- *Osten, Südosten:* Diese beiden Sektoren werden von Holz dominiert, welches Wasser unterstützt und daher den Energieabfluss verstärkt.
- *Süden:* Dieser Sektor wird von Feuer dominiert, das sich nicht mit Wasser verträgt. Die Verwendung von Erdsymbolen hilft, beide Elemente zu beherrschen.
- *Südwesten:* Wie der Nordosten wird dieser Sektor von der Erde dominiert und ist daher eine gute Wahl für ein Badezimmer.
- *Westen, Nordwesten:* Diese beiden Sektoren, in denen Metall dominiert, gehören ebenfalls zu den »geringsten Übeln«, wenn es um Badezimmer geht.

Kapitel 8

SCHLAFZIMMER

Ruhe

Ihr Schlafzimmer sollte eine Zufluchtsstätte sein. Die Chinesen bezeichneten es als »Nest der Schlange... Ruhestätte der Sonne« *(ch'ao...jih lo)*. Die Schlange ist ein Symbol für Gesundheit und Energie und hat ihr Nest an sicheren, abgeschiedenen Stellen. Die »Ruhestätte der Sonne« ist die Nacht, wenn das Yin-Chi (siehe Seite 43) seinen Höhepunkt erreicht. Sie müssen eine Kombination finden, die stark Yin-betont mit etwas Yang ist, um Ihr inneres Chi wieder aufzuladen.

Die Planung des Schlafzimmers

Stellen Sie Ihr Bett, wenn möglich, mit dem Kopfende gegen eine feste Wand (eine ohne Fenster und Tür). Im Bett sollten Sie idealerweise einen guten Blick auf die Tür und die Fenster haben. Es bringt jedoch Unglück, wenn die Füße direkt auf ein Fenster oder eine Tür zeigen. Das ist traditionell als »Totenstellung« bekannt, denn im alten China wurde der Leichnam eines Verstorbenen so hingelegt, bevor er aus dem Haus gebracht wurde.

Im besten Fall sollte ein Schlafzimmer nur eine Tür und nicht mehr als drei Fenster haben. Wenn Sie zu viele Türen oder Fenster haben, können diese störende Energie einlassen, und Sie

休息

Eine erholsame Zufluchtstätte

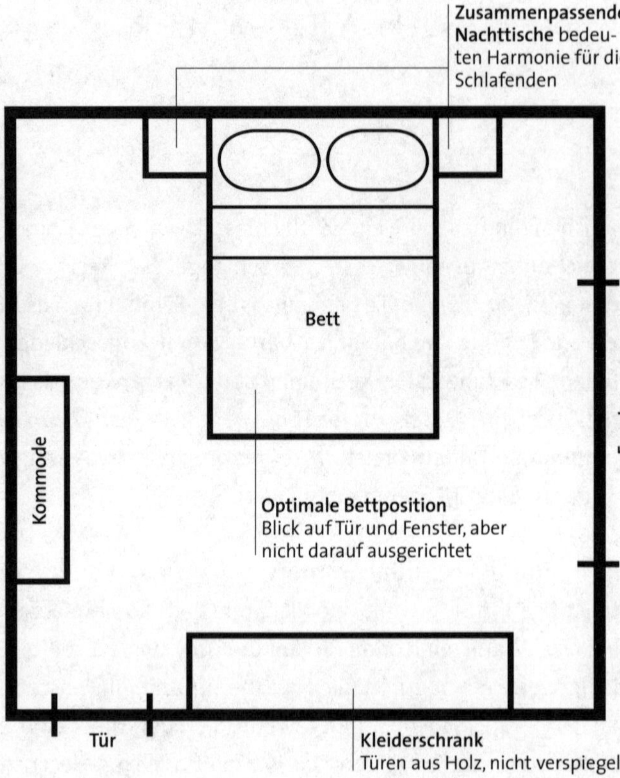

müssen das Chi mit Yin-Gegenständen beruhigen, zum Beispiel mit dicken Plüschvorhängen, weichen Kissen und pastellfarbener oder dunkler Bettwäsche.

Achten Sie darauf, dass die Fenster nicht auf »Giftpfeile« (siehe Seite 165) weisen, etwa auf Dachkanten, die schädliches

Chi in den Raum senden. Um Giftpfeile abzuwehren, können Sie Kristallobjekte ins Fenster hängen oder eine starke, schützende Tierfigur – zum Beispiel ein Bild von einem Hund oder Löwen oder einen Teddybären – auf das Fensterbrett gegenüber dem Giftpfeil stellen.

Erste Hilfe

Problem: Ihr Bett zeigt direkt auf eine Tür oder ein Fenster.

Lösung: Unterbrechen Sie die Linie vom Bett zu Tür oder Fenster, indem Sie eine Kommode oder einen Frisiertisch ans Fußende des Bettes stellen; das Möbelstück sollte etwas höher als das Fensterbrett sein, wenn das Bett dem Fenster gegenübersteht. Ein Bett mit hohem Fußteil, zum Beispiel ein antikes Schlittenbett, ist ebenfalls hilfreich.

Das Chi aus dem Badezimmer kontrollieren

Anschließende Badezimmer mögen praktisch und bequem sein, enthalten aber »schmutziges« Wasser, das Ihnen Chi entzieht (siehe Seite 105). Unterbinden Sie den Energieabfluss mit Erdfarben und -symbolen (siehe Seite 109f.) und halten Sie die Tür geschlossen. Sie können Ihr Bett auch schützen, indem Sie zwischen Bett und Badezimmer einen Ankleidebereich einrichten.

Angeschlossene Badezimmer, die in das Schlafzimmer hineinragen, können Nischen entstehen lassen, wo sich stagnierendes Chi ansammelt (siehe Seite 71f.). Bauen Sie in die Nische einen Kleiderschrank, Frisiertisch oder eine Kommode ein, um hier Abhilfe zu schaffen.

Ein bequemes Bett ist wichtig

Entscheiden Sie sich für ein Bett, das bequem in den Raum passt. Achten Sie darauf, dass Kinderbetten immer groß genug sind. Ein Diwan oder ein Bett mit Füßen ist besser, Stockbetten sollte man jedoch meiden, weil die Person im unteren Bett eingesperrt ist, während der im oberen Bett Schlafende gegen die Decke gedrückt wird. Das kann das Chi beider Personen beeinträchtigen.

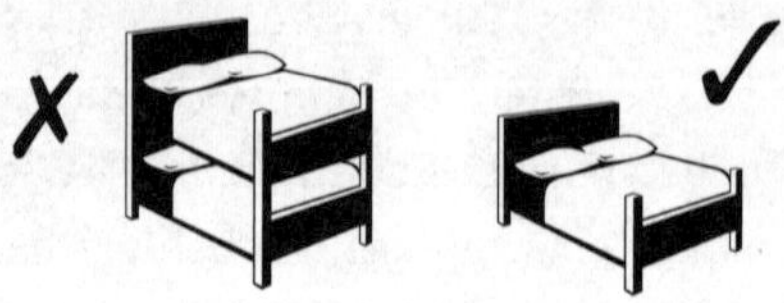

Niedrige Betten, wie etwa Futons, setzen uns stagnierendem Chi auf dem Boden aus und machen uns lethargisch; umgeben Sie das Bett mit Lampen, um das Chi anzuheben, oder versuchen Sie es mit Bettwäsche in leuchtenden Farben.

Hohe Kopf- und Fußteile bieten Schutz. Sind sie obendrein noch leicht geschwungen, fördern sie den sanften Chi-Fluss. Himmelbetten und »Prinzessinnenbetten« sind auch wohltuend, weil der »Himmel« schützend wirkt und das Chi um das Bett herum belebt. Ein Himmelbett ist besonders günstig, wenn die Zimmerdecke Balken aufweist; der »Himmel« wirkt der abwärtsstrebenden Energie der Balken entgegen.

Schutz für den Kopf

Ihr Bett sollte nach Möglichkeit ein solides Kopfteil aus Holz haben. Im Feng Shui wird der Kopfteil mit einem traditionellen chinesischen Grabstein verglichen, der die Energie über dem Kopf einer Person schützt. Rechteckige Kopfteile stabilisieren das Chi, abgerundete Kopfteile lassen es leichter zirkulieren.

Schränke oder Regale über dem Bett sind ungünstig; sie werden als »schneidende Klingen« *(tao p'ien)* angesehen, die Sie in einen Käfig aus stagnierendem Chi einschließen. Wenn Sie diese nicht entfernen können, installieren Sie Deckenfluter an der darunterliegenden Wand (oder – bei Stockbetten – unter dem oberen Bett), oder stellen Sie eine Lavalampe ans Bett, um das Chi anzuheben. Bauen Sie außerdem einen Timer ein, der zwei Stunden vor dem Zubettgehen die Hauptbeleuchtung einschaltet.

Ruhiges, behagliches Dekor

Um das Yin-Chi zu fördern und dem Raum eine ruhigere Atmosphäre zu verleihen, verwenden Sie blasse, dunkle oder Pastellfarben; leuchtende, mittlere Farbtöne sind eher Yang-betont. Wählen Sie dicke, weiche, plüschige Einrichtungsgegenstände und Möbel mit abgerundeten Kanten, welche eher Yin-betont sind. (Dünnere, härtere Gegenstände mit geraden Kanten sind eher Yang-betont.)

Für die Bettwäsche brauchen Sie sattere Farben als für Böden, Wände oder Vorhänge, weil diese Farben Sie während des Schlafes in ein stabiles Energiefeld hüllen. Kaufen Sie, wenn Sie möchten, verschiedene Garnituren Bettwäsche, um die Stimmung im Raum zu verändern. Halten Sie sich jedoch an einfache Farben oder große, einfache Muster.

Beschränken Sie Bilder und Ziergegenstände auf ein Minimum, um eine friedliche Atmosphäre zu gewährleisten. Hängen Sie keine Bilder über das Bett, weil diese stagnierende Energie enthalten, die auf Sie herunterdrückt; sie könnten auch auf Sie fallen. Pflanzen stellt man besser nicht in den Raum – es sei denn, dass jemand krank ist –, denn deren Energie ist zu anregend für ein Schlafzimmer.

Spiegel und TV-Geräte

In der Nacht, der Zeit mit der stärksten Yin-Konzentration, geben Sie im Schlaf verbrauchtes Chi ab und nehmen frisches auf. Wenn ein Spiegel Ihr Bild im Schlaf reflektiert, schleudert er das verbrauchte Chi teilweise auf Sie zurück. Alte Feng-Shui-Meister sagten auch, der Spiegel würde eine »dritte Person ins Bett legen«, was extrem schlecht für Beziehungen ist.

Bedecken Sie Spiegel nachts oder drehen Sie sie weg, um Ihre Energie zu schützen. Wenn Sie einen Fernseher im Zimmer haben, bedenken Sie, dass der Bildschirm sich in einen Spiegel verwandelt, wenn er ausgeschaltet wird. Drehen Sie ihn also vom Bett weg oder legen Sie ein Tuch darüber, sobald er abgekühlt ist.

Elektrizität im Schlafzimmer

Halten Sie elektrische Geräte nach Möglichkeit vom Bett fern, mit Ausnahme kleiner Nachttischlampen, denn Elektrizität kann Ihr inneres Chi stören, wenn Sie schlafen. Am besten ist es, Sie verzichten im Schlafzimmer auf den Fernseher. Wenn Sie dies nicht möchten, sollte er aber nicht in der Nähe des Bettes stehen. Drähte und Geräte erzeugen elektrische Wellen, und die statische Aufladung bleibt unter Umständen auch dann erhalten, wenn das Gerät abgeschaltet wurde.

Ideal sind Bett und Kopfteil aus Holz, weil Holz kein elektrischer Leiter ist und nicht statisch geladen sein kann. Sie können das Holz passend zum Dekor oder zum Bagua-Sektor (siehe Seite 124f.) streichen. Meiden Sie nach Möglichkeit Metallbetten, weil Metall statische Elektrizität leitet. Ein Wasserbett ist besonders schlecht, weil sowohl Wasser als auch Elektrizität Ihr inneres Chi stören können.

Um die schädliche Wirkung der Elektrizität zu verringern, verwenden Sie Erdfarben wie Terracotta oder Pfirsich für Bettwäsche, wenn diese zum Bagua-Sektor passen, oder besorgen Sie sich einen batteriebetriebenen Wecker oder ein Kurbelradio anstelle der elektrischen Geräte.

Erste Hilfe

Problem: Sie haben ein Metallbett, für das es keinen Ersatz gibt.

Lösung: Wickeln Sie natürliche Materialien, wie Baumwolle oder Seide, um das Bettgestell, um die statische Aufladung zur verringern. Gelb (als Erdsymbol) oder Grün (für Holz) sind die besten Farben für den Stoff.

休息

Kleider ordentlich aufbewahren

Sorgen Sie dafür, dass die Raumenergie sauber bleibt, indem Sie Kleidung ordentlich aufräumen. Geben Sie schmutzige Kleidungsstücke in einen Beutel oder eine Tonne mit Deckel, vorzugsweise im Badezimmer oder in der Waschküche. Räumen Sie alle Kleidungsstücke auf, die nicht verwendet werden.

Pflegen Sie Ihre Beziehungen

Wenn Sie mit jemandem das Bett teilen, stellen Sie es so auf, dass sowohl Sie als auch Ihr Partner freien Zugang haben, damit Gleichgewicht und Harmonie gewährleistet sind.

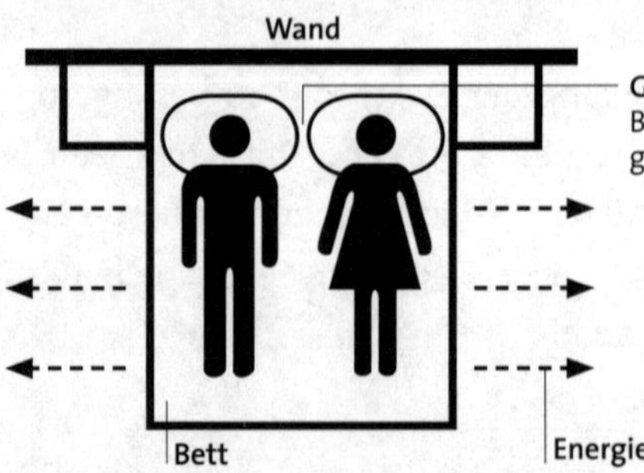

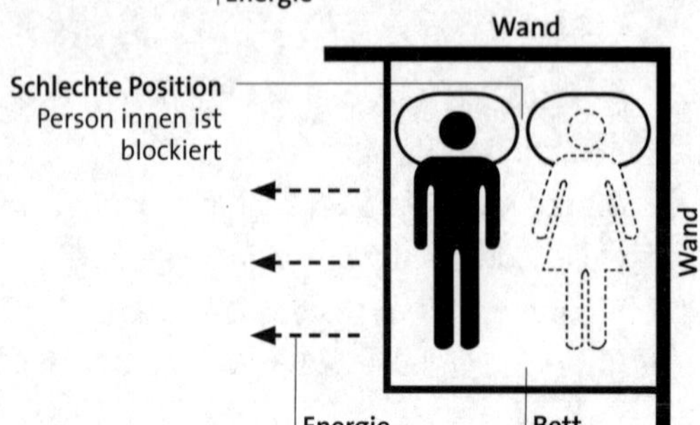

Wenn eine Seite des Bettes an einer Wand steht, dominiert die Person, die am leichtesten hinein- und hinaussteigen kann, die Energie des Raumes. Auch Nachttische, Lampen und Bettvorleger müssen auf beiden Seiten des Bettes gleich sein; das hilft ebenfalls, die Energien auszugleichen.

Kinderzimmer

Kinder brauchen Raum für Aktivitäten, zum Lernen und zum Schlafen. Teilen Sie Kinderzimmer in drei Bereiche mit unterschiedlichen Yin-Yang-Mischungen. Der Schlafbereich sollte Yin sein und vorwiegend in ruhigen Farben gehalten sein; andere

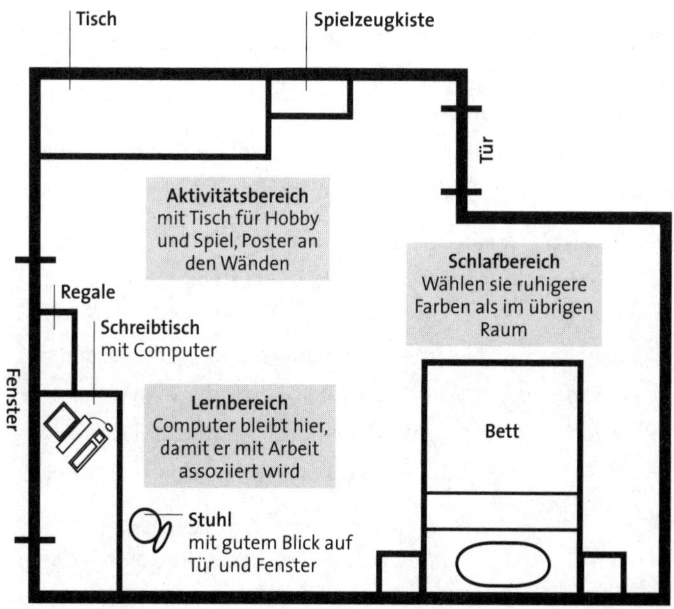

休息

Bereiche müssen Yang sein, das heißt kräftigere Farben und viel Licht aufweisen. Die richtige Mischung hängt auch von Ihrem Kind ab; Pastellfarben können zur Beruhigung von hyperaktiven Kindern beitragen, kräftigere oder Erdfarben erhöhen unter Umständen das Selbstvertrauen schüchterner Kinder.

Die Nutzung des Zimmers wird sich im Lauf der Zeit ändern. So werden kleinere Kinder einen Bereich zum Spielen benutzen, den ältere für ihre Hobbys brauchen. Studenten kann dieser Plan bei der Gestaltung ihrer Zimmer in einer Wohngemeinschaft oder einem Studentenheim helfen.

Das Allerwichtigste: die Lage

➤ *Norden:* Die entspannende Energie in einem nördlichen Raum ist ideal zum Schlafen. Geeignete Farben sind Schwarz sowie die Metallfarben Weiß, Creme, Grau, Gold und Silber. Sie könnten auch Holzsymbole verwenden, etwa Hellgrün und Holzmöbel. Ideal ist ein Holzboden.

➤ *Nordosten:* Versuchen Sie, möglichst kein Schlafzimmer in diesem Sektor einzurichten, weil das Chi den Schlaf zu sehr stört. Liegt nur ein Teil des Raumes im Nordosten, verwenden Sie diesen zum Meditieren, für Yoga oder Gymnastik oder als Ankleidebereich. Wenn Sie dort schlafen müssen, wählen Sie für Vorhänge und Bettwäsche helle Erdfarben wie Rosa, Pfirsich, Grau-Beige oder Blassgelb, um den Schlafrhythmus zu stabilisieren.

➤ *Osten, Südosten, Süden:* Das Chi in diesen Sektoren ist sehr schlaffördernd. Sie haben die Wahl zwischen Blassgrün

(Holz), Blassgelb, Rosa und Zartlila (Erde), die alle beruhigende Energie liefern. Holzböden sind ausgezeichnet für solche Schlafzimmer.

➤ *Südwesten:* Wenn Ihr Schlafzimmer im Südwesten liegt und Sie die Beziehung zu Ihrem Partner fördern möchten, bringen Sie Bilder an, auf denen nur Sie beide zu sehen sind. Grundsätzlich ist das Chi jedoch zu träge für ein Schlafzimmer. Eine Mischung aus Pastelltönen, kräftigeren Erdfarben und Metallfarben wie Weiß, Creme oder Grau kann die Energie anheben und stabilisieren.

➤ *Westen, Nordwesten:* Der Nordwesten ist der Ort der Autorität – ideal für ein Elternschlafzimmer. Dort sollten am besten keine Gäste- oder Kinderzimmer liegen, denn damit riskiert man, seine Macht »abzugeben«. Ein Schlafzimmer im Westen, das Kinder symbolisiert, ist ideal für Paare mit Kinderwunsch. In beiden Sektoren funktioniert eine Mischung aus Metall und Erde am besten. Meiden Sie feurige Farben. Legen Sie auf Holzböden Teppiche in Metall- oder Erdfarben.

Kapitel 9

WEITERE RÄUME

Energieausgleich

Zusätzliche Räume an das Haus anzubauen ist durchaus eine gute Möglichkeit, den Wohnraum zu vergrößern und den Wert der Immobilie zu steigern. Sie könnten das Haus nach außen durch einen Anbau oder einen Wintergarten oder nach oben durch den Ausbau eines Dachbodens erweitern.

Jeder zusätzliche Raum sollte stets einen bestimmten Zweck erfüllen, nicht einfach nur als Gerümpelkammer zweckentfremdet werden. Indem Sie dem betreffenden Bereich eine Bestimmung zuweisen, können Sie den Chi-Fluss dort verbessern. Versuchen Sie, eine Chi-Mischung zu schaffen, die zur Verwendung des Raumes passt. Und ganz unabhängig von dieser Mischung sollten Sie in diesem Raum Ordnung halten, damit das Chi im besten Fall »maßvoll und gewunden« fließen kann.

Die Planung eines Anbaus oder Wintergartens

Die Energie eines Erweiterungsbaus wird von seiner Größe, seiner Form und dem Bagua-Sektor bestimmt, in dem er liegt. Eckige Formen sind Yang-betont, ihre lebendige Energie wäre ideal für Arbeit oder Aktivität. Abgerundete Formen sind Yin-betont und passen zu einem Raum, in dem man sich entspannt oder spielt. Wintergärten sind meist zum Entspannen gedacht,

Die Form des Wintergartens optimal nutzen

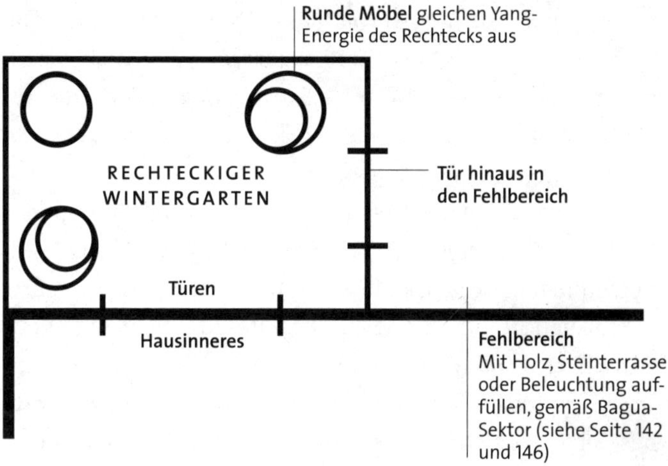

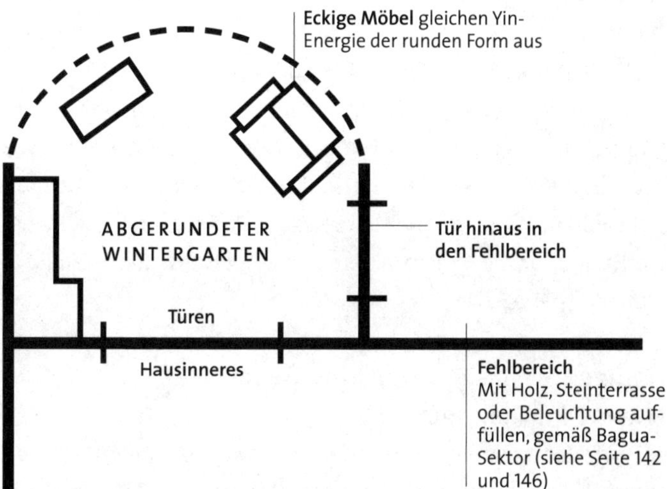

müssen also eher Yin sein; abgerundete Formen wären demnach besser geeignet.

Machen Sie einen Plan von Ihrem Zuhause, in dem der zusätzliche Raum eingezeichnet ist, oder verwenden Sie die ursprünglichen Pläne, wenn es sich um einen neuen An- oder Umbau handelt, und überprüfen Sie, in welchem Bagua-Sektor die geplanten Bereiche liegen werden (siehe Seite 27).

Mit einer kleinen Erweiterung, etwa einem Wintergarten, lässt sich die Energie des betreffenden Bagua-Sektors besser nutzen. Indem Sie dem Raum einen Verwendungszweck geben, stimulieren Sie das Chi. Manche Erweiterungen können jedoch »Fehlbereiche« schaffen, siehe Seite 127 und 22f. Um dies zu vermeiden, sollte sich die Erweiterung über die gesamte Seite des Gebäudes erstrecken. Ist bereits ein Fehlbereich vorhanden, füllen Sie diesen auf, indem Sie ihn in eine Terrasse verwandeln oder dem Bagua-Sektor entsprechend mit Lampen und Pflanzen ausstatten (siehe Seite 142 und 146).

Behalten Sie auch die Position der Außen- und Innentüren im Auge. Liegen beide Türen in einer Linie, kann das Chi schnell aus dem Haus verschwinden. Sie sollten am besten einen rechten Winkel zueinander bilden. Gibt es einen Fehlbereich, hilft bereits eine Tür, die in diesen Bereich hinausführt, diesen »auszufüllen« (siehe Seite 127).

Bringen Sie das Zentrum Ihres Heims wieder ins Gleichgewicht

Ein großer Anbau oder Wintergarten wird das *Tai Chi* (Mittelpunkt) beziehungsweise die »Erde« im Vergleich zum ursprüng-

Erste Hilfe

Problem: Bei Ihrem Anbau liegen Außen- und Innentür direkt in einer Linie, das Chi fließt zu schnell hindurch.
Lösung: Um das Chi zu bremsen, platzieren Sie eine große Pflanze oder einen runden Teppich in geeigneter Farbe bei einer der Türen, je nach Bagua-Sektor (siehe Seite 185ff.). Entsteht durch einen geplanten Anbau ein Fehlbereich, sollte die Außentür in diesen Bereich führen.

lichen Grundriss Ihres Hauses verschieben (siehe Seite 22ff.). Das heißt, Sie müssen diesen Grundriss also neu zeichnen und den Anbau einbeziehen.

Das *Tai Chi* sollte sich im Gebäude befinden und darf nicht blockiert werden. Eine Verschiebung des *Tai Chi* kann zur Verbesserung der Bagua-Sektoren beitragen. Ist die Entfernung vom ursprünglichen Mittelpunkt jedoch zu groß, kommt die Energie des Gebäudes unter Umständen aus dem Gleichgewicht – wie ein schwer beladenes Boot, bei dem das ganze Gewicht auf einer Seite liegt. Befindet sich das *Tai Chi* in einem Schrank oder einer Nische, wird das Chi blockiert. Dann müssen Sie es stimulieren, indem Sie das Innere in einer Erdfarbe (etwa Gelb oder Grau-Beige) streichen, in diesem Bereich oder in der Nähe täglich für einige Stunden ein Licht einschalten oder ein Telefon oder einen Computer hinstellen.

In manchen Fällen verschiebt sich das *Tai Chi* aus dem Gebäude hinaus, was dessen Energie sehr aus dem Gleichgewicht bringt. Das kommt oft vor, wenn ein Gebäude eine L-Form hat, im Feng Shui als »Fleischerbeil« *(fu)* bezeichnet. Abhilfe schaffen Sie, indem Sie den Fehlbereich auffüllen, wie auf Seite 129 beschrieben. Fügen Sie rund um das *Tai Chi* Erdfarben und -symbole hinzu, um seine Erdenergie zu stärken.

Der Ausbau eines Dachbodens

Es kann ein großer Gewinn sein, den Platz unter dem Dach nutzbar zu machen, solange der Raum optimal angelegt wird. Die Dachschrägen können hier zum Problem werden. Sie bremsen das Chi, üben Druck darauf aus und lassen es rasch Yin-betont werden und stagnieren. Weist ein Teil Ihres Dachausbaus

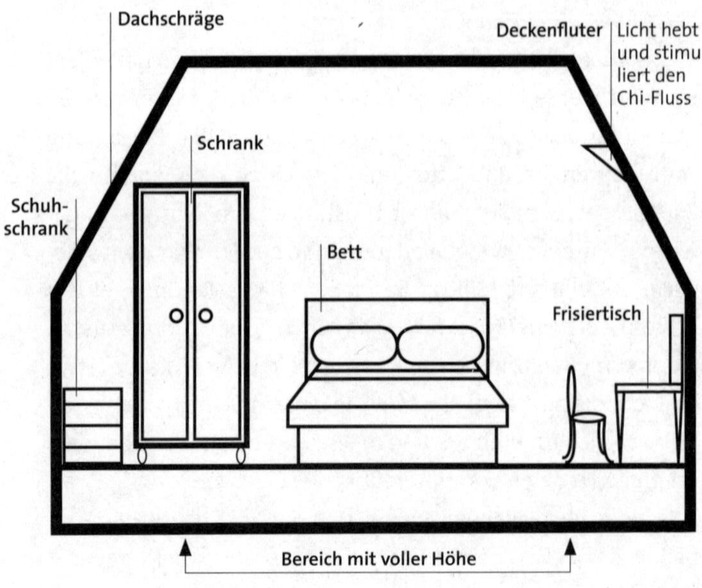

eine Dachschräge auf, in der Sie nicht aufrecht stehen können, nutzen Sie diesen Raum als Schrank oder Stauraum und nur den Bereich mit voller Höhe zum Arbeiten und Schlafen. Wenn Sie keine andere Wahl haben, stellen Sie einen Deckenfluter oder eine Lavalampe unter die Schräge, um die Energie anzuheben. In Kinderzimmern könnten Sie dafür hübsche Mobiles und kleine Lampen einsetzen.

Planung eines Heimbüros

Büro und Arbeitsplatz zu Hause werden im nächsten Kapitel viel genauer behandelt, aber da Heimbüros immer beliebter werden und häufig in Anbauten oder Dachausbauten anzutreffen sind, möchte ich einige grundlegende Punkte hier erwähnen.

Ein Büro sollte wie ein Büro aussehen und als Büro genutzt werden und nur Dinge enthalten, die mit der Arbeit zu tun haben. Um die Energie eindeutig auszurichten, kombinieren Sie das Büro nicht mit anderen Bereichen wie Schlafzimmer, Kinderzimmer oder Abstellraum. Ist das unvermeidlich, trennen Sie den Arbeitsbereich mit einem Paravent oder einigen Möbelstücken ab.

In einem Arbeitsbereich sollte die Yang-Energie die Yin-Energie überwiegen, um Stärke, Kraft und Aktivität zu bringen. Vertikaljalousien an den Fenstern sind eine gute Möglichkeit, die Energie anzuheben. Vom Schreibtisch muss man einen guten Blick auf die Tür haben, er sollte ihr jedoch nicht direkt gegenüberstehen, weil diese Position für Unsicherheit sorgen kann.

Ein guter Zugang zum Dachausbau

Eine weitere wichtige Überlegung bei Dachausbauten ist der Zugang. Die Treppe sollte leicht zu erklimmen und nicht zu steil sein. Vermeiden Sie nach Möglichkeit, dass die Treppe der Badezimmertür gegenüberliegt, da das Chi die Treppe hinunterstürzen und durch das Badezimmer verschwinden kann. Haben Sie bereits eine Treppe an dieser Stelle, legen Sie am unteren Ende einen runden, rutschfesten Teppich (in einer zum Bagua-Sektor passenden Farbe) hin, um den Chi-Fluss zu bremsen.

Bauen Sie keine Wendeltreppe ein, denn das Chi verschwindet schnell zwischen den Stufen nach unten und geht verloren. Ist die Wendeltreppe bereits vorhanden, gibt es mehrere Methoden, das Chi zu erhalten (siehe Seite 67f.).

Raumdekor

Zunächst müssen Sie sich über die Nutzung des Raumes klar werden: Ist er für Aktivitäten gedacht oder möchten Sie dort lieber einen Ruhebereich einrichten? Wenn Sie die Yang-Energie für Aktivitäten stärken möchten, wählen Sie Möbel mit quadratischen oder rechteckigen Formen. Um die Yin-Energie zu fördern, empfehlen sich weiche, abgerundete, plüschige Accessoires wie flauschige Kissen und dicke Vorhänge.

Haben Sie einen eckigen Wintergarten, gleichen Sie die Energien durch abgerundete Möbel aus (siehe Seite 127). Beschränken Sie die Einrichtung auf ein Minimum, und wählen Sie einfache Farben und Muster, um beruhigendes Chi zu begünstigen.

Gleichen Sie die Energien aus

In vielen Fällen nehmen Anbauten oder Ausbauten des Dachgeschosses zwei oder drei Bagua-Sektoren ein. Sie werden vielleicht feststellen, dass die Farbe der Wände oder des Bodens zu einem Bagua-Sektor passt, aber nicht zum anderen. Das lässt sich jedoch beheben, wenn man sich an das »Einmaleins« des Feng Shui hält – Bewusstsein, Ausgewogenheit, Lenkung (siehe Seite 53f.).

Stellen Sie zunächst fest, welche Elemente Sie in dem betreffenden Sektor benötigen. Sollten Sie falsche Elemente vorfinden, legen Sie einfach etwas in der korrekten Farbe darüber oder ein entsprechendes Symbol darauf, um einen Ausgleich zu schaffen. Stellen Sie sich vor, Sie verbinden eine Wunde. Im alten Feng Shui hieß es, die richtige Farbe »sitzt oben« (*ma pei:* wörtlich, »auf dem Rücken des Pferdes«). Dieselbe Methode können Sie in einem Wintergarten anwenden, in dem es viel Glas gibt.

Entschärfen Sie unverträgliche Elemente

Haben Sie Fliesen (Erdsymbol) in einem Sektor, zu dem Erde nicht passt, fügen Sie Holzsymbole hinzu, denn Holz zerstört Erde im Schwächenden Zyklus der Elemente (siehe Seite 47). Geeignet wären Holz-, Rattan- oder Korbmöbel mit grünen, roten oder gelben Kissen oder rutschfeste Teppiche in diesen Farben. Auch mit großen, immergrünen Pflanzen in Holztrögen oder in grünen, roten oder gelben Töpfen lässt sich die korrekte Mischung erzielen.

Befindet sich ein Holzboden in einem Bagua-Sektor, zu dem Holz nicht passt, fügen Sie Metall- oder Erdsymbole hinzu, um seine Energie zu regulieren. Für Metall wählen Sie Möbel oder Teppiche in Weiß, Creme, Grau, Silber oder Gold. Für Erde eignen sich weiche Accessoires in Erdfarben wie Terracotta, Karamell und Grau-Beige.

Liegt Ihr Wintergarten in einem für Pflanzen ungeeigneten Sektor, lässt sich die Holzenergie der Pflanzen auf mehrere Möglichkeiten kontrollieren. Westen und Nordwesten sind die schwierigsten Sektoren, weil sie von Metall dominiert werden, und Metall zerstört Holz. Wählen Sie in diesem Fall Pflanzen mit grauen, weißen oder silberfarbenen Blättern, um die Metallenergie zu fördern, oder nehmen Sie Metalltöpfe. Ebenfalls geeignet sind Erdsymbole wie Keramik- oder Terracotta-Töpfe, oder Sie legen ein paar Kieselsteine auf die Pflanzenerde.

Pflanzen können in einem Erd-Sektor (Nordosten oder Südwesten) unpassend sein, weil Holz Erde zerstört. Um die Energien zu harmonisieren, könnten Sie, wie oben beschrieben, Pflanzen in »Metallfarben« wählen, Metall- und Erdsymbole kombinieren oder Feuerenergie fördern, indem Sie um die Pflanzen Lichterketten hängen.

Nutzen Sie den Garagenraum

Wenn Sie ein Auto haben, halten Sie die Garage frei, so dass außer dem Auto nichts drinsteht. Autos haben starke Metall- und Feuerenergien; befindet sich über der Garage ein Raum, kann das Auto das Chi dort sogar fördern und stabilisieren. Wenn Sie Ihre Garage für andere Zwecke verwenden, etwa zur Lagerung (siehe unten), definieren Sie den Zweck genau, und sorgen Sie in diesem Raum für Sauberkeit und Ordnung.

Aufbewahrung mit System

Für alle Gegenstände, die Sie aufbewahren wollen, sollte ein eigener Raum zur Verfügung stehen. Wenn Regale darin stehen, geben die waagrechten Linien der Kanten schädliches Chi ab; schaffen Sie Abhilfe, indem Sie die Kanten hinter Schranktüren verbergen. Oder stellen Sie Gegenstände wie Bücher oder Kataloge senkrecht, so dass die Rücken über die Regalkanten ragen. Wenn Sie eine Werkbank haben, räumen Sie sie immer auf.

Das Allerwichtigste: die Lage

- *Norden:* Ein nördlicher Raum eignet sich gut als Arbeits- oder Studierzimmer.
- *Nordosten:* Dieser Bereich ist ideal für körperliche oder spirituelle Aktivitäten, beispielsweise als Trainingsraum, Meditationsraum, Yoga-Raum oder als Raum für Kampfsportarten, Tai Chi oder Qi Gong.
- *Osten:* Die erhebende Energie eignet sich bestens für ein Frühstücks- oder Familienzimmer. Der Osten wird von Holz dominiert, ist also ideal für Wintergärten.
- *Südosten:* Dieser Bereich ist ideal für ein Büro zur allgemeinen Benutzung oder für die Erledigung der Haushaltsfinanzen. Die Holzenergie eignet sich gut für einen Wintergarten.

➤ *Süden:* Dieser Bereich begünstigt die Kommunikation und soziale Aktivitäten, weil er Verbindungen zur Außenwelt fördert.

➤ *Südwesten:* Das ist ein Raum für Paare. Wenn Sie eine Familie haben, reservieren Sie diesen Raum möglichst nur für sich und Ihren Partner, um die Beziehung zu stärken. Das träge, entspannende Chi, das hier fließt, passt nicht zu einem Büro oder Geschäft.

➤ *Westen:* Das Chi im Westen ist ideal für kreative Beschäftigung und passt auch zu Kinderzimmern, aber ebenso gut zu ruhigeren Hobbys und zu Entspannung. Menschen mit hektischem Lebensstil, die bei sich zuhause mehr Yin-Energie benötigen, können von einem Ruhebereich oder einem Wintergarten im Westen profitieren.

➤ *Nordwesten:* Der Nordwesten ist der natürliche Ort für Autorität und damit ideal für ein Elternarbeitszimmer. Er ist jedoch kein guter Ort für ein Kinderzimmer, weil Sie damit Ihre Autorität »abgeben«, so dass die Kinder tendenziell das Haus dominieren.

Kapitel 10

GARTEN

Kurven und Farben

Im alten China wurde Feng Shui zur Auswahl von Grabstätten, Feldern und Bepflanzungen sowie für den Standort von Häusern verwendet (siehe Seite 33f.). Daher sind Gärten im Feng Shui wichtige Bereiche. Klassische Feng-Shui-Gärten sind asymmetrisch, die Mitte (das *Tai Chi*) bleibt frei. Doch unabhängig vom Gartentyp – ein typischer Bauerngarten, ein mediterraner Garten, ein eleganter Garten oder ein ganz einfacher Hinterhof mit einigen Blumentöpfen – Sie können Feng Shui überall wirkungsvoll einsetzen.

Betrachten Sie Ihren Garten als Verlängerung des Hauses (im selben Bagua). Mit Hilfe von Feng Shui können Sie die Innen- und Außenenergien verbinden. Das Chi aus Ihrem Garten wird durch Ihr Haus fließen und die Energien darin ergänzen.

Das Anlegen des Gartens

Zunächst müssen Sie sich über Ihre Ziele klar werden: Wer wird den Garten nutzen, wofür möchten Sie ihn verwenden? Entscheiden Sie dann, welche Kombination von Yin- und Yang-Energie (siehe Seite 43ff.) Ihnen lieber ist. Jeder Bereich kann unterschiedlichen Zwecken dienen. Das Chi eines Feng-Shui-Gartens ist meist Yin-betont, das heißt entspannend *(sung chih)*

曲线与色彩

Ein glückverheißender Gartenplan

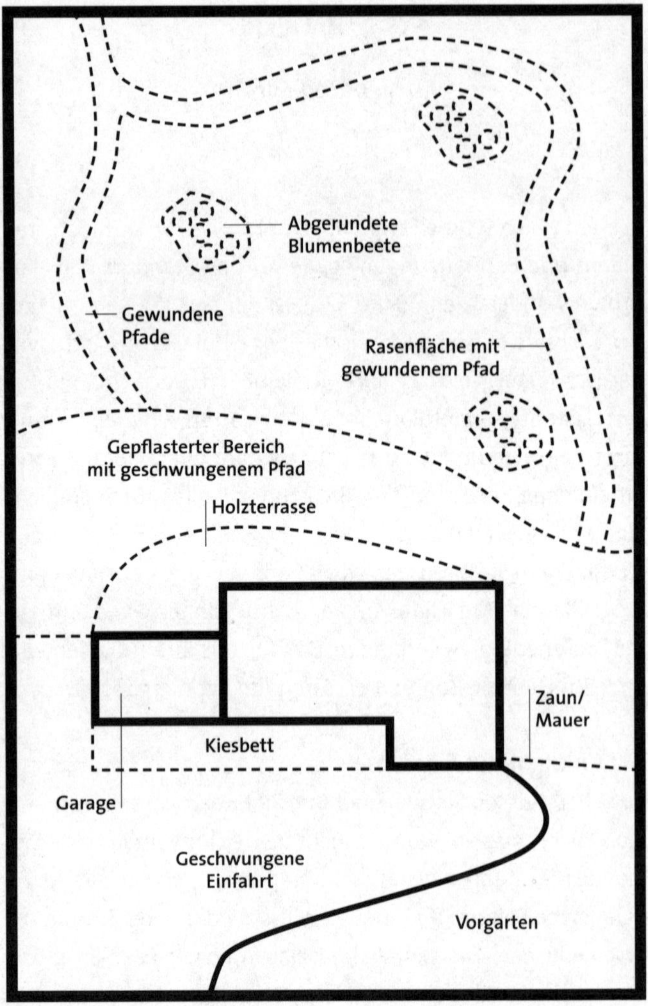

und stressfrei. Zu den meisten Gärten gehören jedoch auch kleine Bereiche, wo die Yang-Energie im Vordergrund steht. Sie sind für gesellschaftliche und familiäre Aktivitäten geeignet.

Für Pfade und Blumenbeete sind gewundene Linien besser geeignet als gerade. Sie sind nicht nur gefälliger für das Auge, Kurven lassen das Chi zudem sanft zirkulieren, ohne dass es durch den Garten eilt und verschwendet wird. Außerdem wirken sie schützend; die chinesische Tradition lehrt, dass Teufel und böse Geister sich nur geradeaus fortbewegen und keine Kurven machen können!

Schutz für den Garten

Um die Energien Ihres Gartens optimal nutzen zu können, müssen Sie dafür sorgen, dass von außen viel gutes und möglichst wenig schlechtes Chi hineingelangt. Achten Sie auf mögliche Problemstellen (siehe Seite 165ff.), besonders auf »Giftpfeile«, die stark beschleunigtes Chi produzieren, das auf Ihr Haus prallt. Sollten solche Probleme bestehen, schützen Sie Ihr Haus mit Pflanzen oder einem Zaun (siehe Seite 140).

Gibt es Probleme mit Lärm oder unangenehmen Nachbarn, können Sie Ihre Grenze mit Bambus schützen; *Phyllostachys* und *Fargesia* sind am besten geeignet und nicht so starkwüchsig. Oder Sie setzen die sogenannte »Kanonenmündung« ein, wie es die Chinesen nennen: Legen Sie einige Terracotta-Blumentöpfe so hin, dass die Öffnung auf das Problem zeigt, und befestigen Sie sie – die Töpfe befördern schädliches Chi aus dem Garten hinaus (siehe Seite 140). Wenn Sie diskret vorgehen möchten, verbergen Sie die Töpfe mit Pflanzen oder einem Steingarten.

(Ein zusätzlicher Vorteil ist, dass Igel, die traditionell als schützende Tiere gelten, sich gerne in den Töpfen verstecken.)

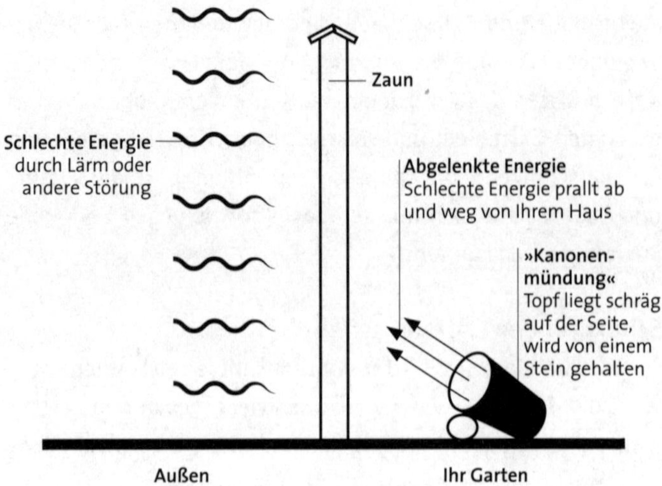

Erste Hilfe

Problem: Ein »Giftpfeil« weist auf Ihren Garten.

Lösung: Pflanzen Sie Hecken, Bambus oder hohe Bäume zum Schutz vor diesem Problem. Am Außenrand des Gartens könnten Sie eine Hecke setzen oder Stechpflanzen, etwa Stechpalmen, die wie »Schützende Krieger« wirken. Eine weitere Möglichkeit ist eine Mauer oder ein Zaun, die aber nicht zu hoch sein dürfen, sonst isolieren Sie Ihr Haus von seiner Umgebung.

Den Erzeugenden Atem anregen

Drachen, die mächtigsten Tiere und größten Glücksbringer im Feng Shui, leben symbolisch in welligen Landschaften (siehe Seite 33f.). Es ist daher günstig, wenn Sie in Ihrem Garten verschiedene Ebenen schaffen, wie die runden Hügel in der Heimat des Drachen, um den »Atem des Drachen« *(sheng chi)* oder »Erzeugenden Atem«, also wohltuendes Chi, anzuregen. Tiefer liegende Bereiche mit Sitzgelegenheiten und dekorativen Pflanzen lassen abgeschiedene, heimelige Orte entstehen; sie lassen auch Zäune höher und schützender erscheinen. Beispiele für förderliche erhöhte Bereiche sind Steingärten mit Alpenpflanzen und Kräutergärten in der Nähe der Küche.

Solch ein Gartenentwurf entspricht auch dem alten Prinzip der östlichen Welt, dass man von einem Punkt aus niemals den ganzen Garten sehen sollte. Idealerweise sollte man durch den Garten gehen und Bereiche mit unterschiedlicher Atmosphäre vorfinden und angenehme Überraschungen erleben, wie zum Beispiel Skulpturen, Wasserspiele oder blühende Sträucher. Sonne und Schatten können auch zur Erzeugung unterschiedlicher Stimmungen und Energien beitragen.

Gleichgewicht und Proportion

In einem Feng-Shui-Garten gilt: »Weniger ist mehr« *(chiao te, chiao ta te)*. Der Garten sollte ein Gefühl von Weitläufigkeit vermitteln und nicht überladen wirken. Die Pflanzen und anderen Elemente sollten im richtigen Verhältnis zueinander stehen, nichts sollte dominieren oder übermäßig wuchern. Die Mitte Ihres Gartens sollte stets frei bleiben. Stellen Sie dort also weder große Pflanzen noch Dekorationsobjekte noch einen Schuppen auf.

Was Sie in Ihrem Garten pflanzen oder aufstellen, sollte natürlich wirken, als wäre es schon sehr lange dort. Um den Garten interessanter zu gestalten und gutes Chi zu fördern, müssen Sie verschiedene Strukturen, Höhen und Formen einplanen. Im Feng Shui ist es außerdem üblich, wichtige Sträucher, Büsche und Bäume asymmetrisch zu pflanzen.

Fehlbereiche auffüllen

Weist Ihr Haus »Fehlbereiche« auf (siehe Seite 22ff.) oder hat es eine L-Form, können Sie das korrigieren, indem Sie diese Bereiche so auffüllen, wie es dem Bagua-Sektor entspricht (siehe Seite 146), und in den Garten integrieren.

Eine ideale Lösung ist ein gepflasterter Bereich, wo Sie Mahlzeiten einnehmen, mit Freunden sitzen oder einer Beschäftigung nachgehen können. Eine Terrassentür ist eine optimale Verbindung für die Energie zwischen Ihrem Garten und Ihrem Haus. Sie könnten auf einer südlichen Terrasse auch helle Lampen anbringen, um deren Feuerenergie zu fördern, oder hinter dem Haus höhere Bäume pflanzen (siehe Seite 162ff.), um den »Rücken« des Gebäudes zu schützen. Um einen Fehlbereich zu vervollständigen und mit Leben zu erfüllen, installieren Sie an der Ecke Beleuchtung.

Freundliche Zugänge

An der Hausfront sind breite, »freundliche« Zugänge *(men kou)* am besten. Idealerweise sollten Sie zwei Zugänge haben, die nach innen aufgehen und eher niedrig sind, um freundliche, gastfreundliche Energie zu begünstigen. Farbe und Material der Zugänge sollten zum jeweiligen Bagua-Sektor passen (siehe Seite 146).

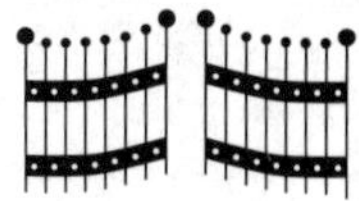

Gewundene Pfade

Die Auffahrt oder der Weg zum Haus sollte gewunden sein, damit das Chi sanft dahingleiten kann; gerade Wege lassen das Chi zu rasch fließen. Die günstigste Richtung ist von Osten nach Westen, der Sonne folgend. Der ideale Belag hängt vom Bagua-Sektor ab. Verwenden Sie jedoch kein Bruchpflaster – es zerstreut das Chi.

Bepflanzen Sie die Ränder von geraden Pfaden oder Bruchpflasterbelag mit Niedriggewächsen wie kriechendem Thymian oder Kamille, um die Energien auszugleichen. Oder setzen Sie Pflanzen in runde Töpfe, die dem Bagua-Sektor entsprechen (siehe Seite 146), und stellen Sie sie entlang des Pfades auf.

Wasserspiele

Teiche oder Brunnen lassen das Chi kräftig fließen, wenn sie sorgfältig platziert werden. Teiche müssen im lichten Schatten liegen; vermeiden Sie tiefen Schatten, der das Wasser stagnieren lässt, und pralle Sonne, die Unkraut- und Algenwuchs begünstigt. Besonders günstig ist, wenn das Wasserspiel vom Wohnzimmer, Esszimmer oder Wintergarten zu sehen ist, denn es verstärkt deren angenehme Energie. Es sollte jedoch nicht einer Küche oder einem Badezimmer gegenüber oder in der Nähe eines Komposthaufens oder einer Senkgrube liegen, weil es schlechte Energie aus diesen Bereichen verstärken kann. Wenn Sie das Wasserspiel nicht verlegen können, verstecken Sie den »schlechten« Bereich je nach Bagua-Sektor mit Pflanzen, einem Spalier oder einem Steingarten (siehe Seite 146ff.).

Glückverheißende Wasserspiele

Kieselbrunnen oder sehr kleine Springbrunnen weisen das beste Feng Shui auf, weil sie natürlichen Quellen nachempfunden sind. Große Brunnen gelten jedoch als unnatürlich und sind daher unerwünscht.

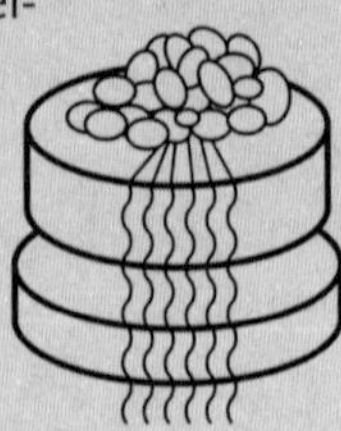

Wenn Sie Fische halten möchten, sind die besten Arten Goldfische (traditionell als »Drachenbabys« bezeichnet) oder Koi (die zu »Drachen« werden).

Am günstigsten sind neun Fische – acht goldene und ein schwarzer – oder ein Vielfaches von neun. In einem sehr kleinen Wasserspiel könnten Sie drei Fische halten: zwei goldene und einen schwarzen.

Zäune und Holzterrassen

Gewundene Formen sind für Zäune und Terrassen aus Holz am besten. Vertikale Zäune symbolisieren Längenwachstum und sind horizontalen Latten vorzuziehen, die »Würgelinien« darstellen und das Chi einschnüren.

Diese Konstruktionen sind meist aus Holz; befinden sie sich in einem Bagua-Sektor, zu dem Holz nicht passt, streichen oder beizen Sie das Holz in der richtigen Farbe. Streichen Sie einen Zaun so, dass er zu allen oder zu den meisten Sektoren passt, über die er sich erstreckt.

Mit den Energien der Elemente arbeiten

Um die richtige Mischung von Energien zu erzielen, müssen Sie Pflanzen, Ornamente und Strukturen wählen, die dem Bagua-Sektor entsprechen und gut zueinander passen. Das Diagramm auf Seite 146 zeigt die Sektoren und die dort dominierenden Elemente, des weiteren Lebensbereiche, die Sie verbessern können, wenn Sie mit den einzelnen Elementen arbeiten, sowie Beispiele für Farben, Materialien und Objekte, die jeweils dazupassen. Eine Liste von geeigneten Pflanzen für die einzelnen Sektoren finden Sie auf Seite 193ff.

Grillvorrichtungen passen gut in Feuer-, Erd- oder Holz-Sektoren. Ihre Feuerenergie verträgt sich jedoch nicht mit Metall- und Wasser-Sektoren. Auch »feurige« Pflanzen wie Fuchsien sollten Sie von diesen Sektoren fernhalten.

Wasserspiele platziert man am besten im Südosten, wo sie das »reiche Leben« fördern. Die ungünstigsten Bagua-Sektoren sind Süden, Nordosten und Südwesten, weil sich die Energie dort nicht mit Wasser verträgt. Holz passt zu den meisten Sektoren; vermeiden Sie Holz, etwa Holzterrassen, jedoch im Südwesten, wo sie die Erdenergie schwächen.

Erdsymbole, wie große Stein-, Pflaster- oder Kiesflächen, eignen sich gut für Erd- und Metall-Sektoren; vermeiden Sie sie aber nach Möglichkeit im Norden (Wasser), Osten oder Südosten (Holz), weil sie die natürliche Energie dieser Sektoren blockieren.

Die Elemente in Ihrem Garten

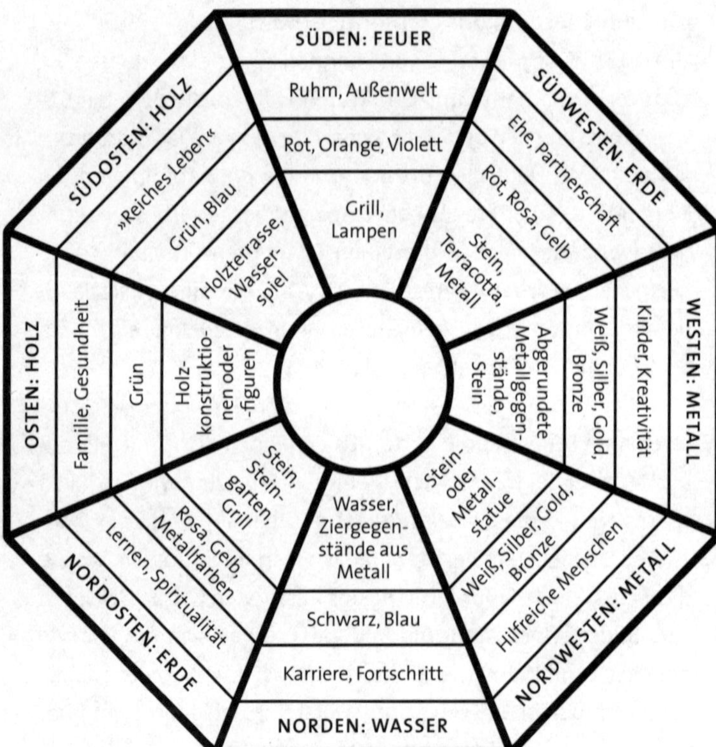

Das Allerwichtigste: die Lage

- *Norden:* Grün- oder Blautöne, Dunkelblau oder etwas Schwarz (Wasser) und Weiß-, Creme- oder Grautöne (Metall) passen hier gut. Ein im Norden gelegener Garten ist ideal für ein Wasserspiel oder eine Vogeltränke. Ein geeigneter Ziergegenstand wäre eine Schildkröte (Symboltier des Nordens) oder die Figur eines »Schützenden Kriegers«, zum Beispiel eines Samurais oder Michelangelos *David*. Achten Sie darauf, dass die Statuen nicht gegenüber einer Küche, einem Badezimmer oder einem Komposthaufen stehen, denn sie könnten von dort ausgehendes schlechtes Chi verstärken.

- *Nordosten:* Das Chi im Nordosten unterstützt die Spiritualität, daher ist dies ein guter Ort für einen Ruhebereich oder für Kampfkünste, Yoga und Meditation. Sie können das Chi durch Beleuchtung oder durch einen spirituellen Ziergegenstand, etwa einen Buddha, verbessern. Ein Garten im Nordosten wird vom Element Erde dominiert, daher ist er ideal für Terracotta-Töpfe, kleine Steine, Kies, Steingärten oder auch Steingebäude. Kräuter und Alpenpflanzen gedeihen hier gut; wählen Sie Orange- und Rottöne (Feuer) oder Rosa und Gelb (Erde). Metallfarben, etwa bei goldenen und silbernen Thymiansorten, passen auch gut.

- *Osten:* Der Osten unterstützt Familie, Gesundheit, langes Leben und Ehrgeiz. Fördern Sie die Holzenergie mit viel Grün, etwas Gelb, Rot und Violett sowie etwas Blau. Bambus, Kiefern und gelbe Chrysanthemen fördern Langlebigkeit, Zierobstbäume bringen hilfreiches Chi. Ein Garten im Osten ist ideal für eine Holzterrasse, ein Spalier oder eine Holzskulptur (etwa ein Kranich oder Hirsch, Symbole der Langlebigkeit). Auch der Drache, Symboltier des Ostens, könnte mit einem kleinen erhöhten Bereich oder einer Drachenstatue vertreten sein.

- *Südosten:* Das Chi, das hier fließt, fördert das »reiche Leben«. Zur Verstärkung der Holzenergie eignen sich viele kleine, vorwiegend immergrüne Sträucher oder ein Rasen. Grün-, Gelb- und Blautöne sind hier ausgezeichnete Farben. Ein Wasserspiel wird Glück bringen; Fischteiche sind besonders glückbringend. Ganz einfache Möglichkeiten wären eine Frosch- oder Fischfigur oder ein paar Muscheln.
- *Süden:* Der Süden symbolisiert Geselligkeit und Kommunikation, ist daher ideal für Grillfeste und Partys. Dieser Sektor sollte gut beleuchtet sein. Wählen Sie Blumen und Sträucher in leuchtenden Rot-, Gelb-, Orange- und Violett-Tönen; Fuchsien sind ausgezeichnet, weil sie feurige Farben haben und wie kleine Lampions aussehen. Grün (Holz) ist ebenfalls hilfreich. Das ist ein guter Platz für eine Holzterrasse, Pflaster- oder Kiesbereiche. Eine ideale Dekoration wäre eine Vogelfigur: ein Phönix, ein Hahn, Papagei oder Fasan – oder sogar ein paar echte Vögel, etwa Pfauen.
- *Südwesten:* Der Südwesten als Symbol für Beziehungen und Paare eignet sich ideal für einen verborgenen Garten. Gute Farben sind Rosa oder Gelb (Erde) oder einige Tupfer Orange, Rot oder Violett (Feuer); auch Silber oder Gold ist hilfreich, weil es Erde und Metall verbindet. Erde und Kies sowie Zier-

gegenstände aus Stein, Terracotta oder Metall passen gut. Doppelfiguren von Liebespaaren oder Vögeln bringen sehr viel Glück; traditionelle Symbole sind Kraniche, von denen sich einer putzt, während der andere Wache hält, oder Mandarinenten, von denen man annimmt, dass sie lebenslange Partnerschaften eingehen.

- *Westen:* Der Westen ist der Sektor der Kinder, der neuen Projekte, der Problemlösung, des Lebensgenusses, der Kreativität und der Entspannung. Stärken Sie seine Metallenergie mit Weiß-, Creme-, Grau-, Silber- und Goldtönen und mit glänzenden, abgerundeten Ziergegenständen aus Metall. Außerdem können Sie die Metall- mit Erdsymbolen wie rosafarbenen oder gelben Blüten, Steinen oder Terracotta-Töpfen mischen. Der Westen ist das Reich des weißen Tigers, dessen unberechenbare Kraft gezähmt werden muss; pflanzen Sie duftende weiße, creme-, rosa- oder lavendelfarbene Blumen, damit »der Tiger weiterschlummert«.
- *Nordwesten:* Der Nordwesten ist die Zone hilfreicher Menschen, gegenseitiger Unterstützung und der Überwindung von Hindernissen. Die im Westen eingesetzten Farben (siehe oben) wären auch hier hilfreich. Hier können Sie das Chi eines Gartens mit Stein, Kies, runden Pflastersteinen sowie mit Metall- oder Steinskulpturen, besonders von »Schützenden Kriegern« wie im Norden (siehe oben), verbessern.

Kapitel 11

ARBEITSPLATZ

Die »Drachenhöhle«

Ob Sie ein eigenes Arbeitszimmer planen oder nur einen Teil eines Raumes dafür nutzen – es sollte ein echter Arbeitsplatz werden, keine halbherzige Lösung. Wie die Chinesen zu sagen pflegen: »Wenn du sitzt… dann sitze. Wenn du stehst… dann stehe. Entscheide dich!« Der Arbeitsplatz sollte sich vom übrigen Haus und auch vom übrigen Raum unterscheiden, damit er nicht dasselbe Gefühl vermittelt wie Ihr Zuhause oder gar so aussieht. Wenn Sie arbeiten, geht es um die Arbeit. Hinterher schließen Sie die Tür oder räumen den Bereich auf und verlassen ihn.

Arbeitsplätze benötigen Yang-Chi – lebendige Energie, die Sie unterstützt und Ihnen zusätzliche Entschlossenheit und Kraft verleiht, wenn Ihre eigene Energie schwindet. Der Bereich muss Ihre Zwecke gut erfüllen.

Die Machtposition

Von Ihrem Schreibtisch sollten Sie den Raum überblicken. Idealerweise sollte er in einer Ecke stehen, feste Wände hinter sich haben und einen guten Blick auf Fenster und Tür ermöglichen. Dieser Platz wird traditionell als »Drachenhöhle« *(lung shou hsueh)* bezeichnet, man sagt dazu auch »wo der Tiger springt, der Drache sich erhebt« oder nennt es einfach die »Chefposition«.

Eine klassische »Drachenhöhle«

Schreibtisch (vergrößert)

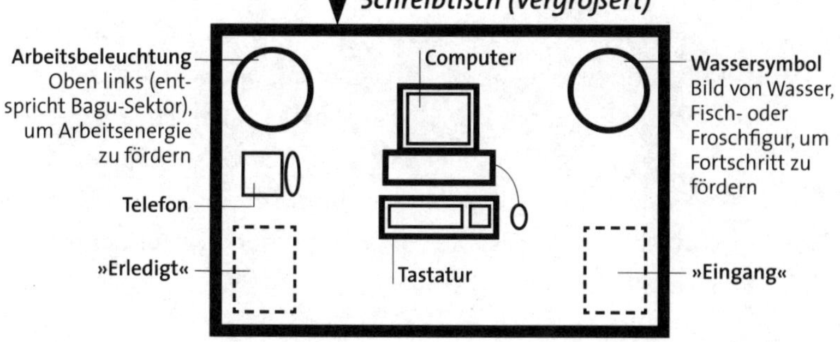

Dieser Platz ist ein starkes Fundament. Sein Chi fördert Entscheidungen, die Lösung von Problemen, Autorität und Entschlusskraft. Versuchen Sie Positionen ohne Blick auf Tür oder Fenster zu vermeiden, oder solche, bei denen Sie mit dem Rücken zu einer Tür, einem Fenster oder einem langen Korridor sitzen; solche Orte können Unsicherheit und Unruhe auslösen. Diese Ideen entwickelten sich vor Hunderten von Jahren, als Feng Shui ausschließlich den Reichen und Mächtigen Chinas diente. Diese Menschen nutzten sie zum Schutz vor Angriffen und Anschlägen.

Damit Ihr Platz noch sicherer wird, wählen Sie einen Stuhl mit hoher Lehne. So ein Stuhl sieht aus wie ein traditioneller chinesischer Grabstein: stützend und schützend. Niedrige Lehnen dagegen schwächen Ihre Energie.

Erste Hilfe

Problem: Sie müssen mit dem Rücken zu einer Tür oder einem großen Fenster sitzen, es geht nicht anders.

Lösung: Schützen Sie Ihren Rücken mit einer hohen Stuhllehne. Senkrechtlamellen können Sie gegen ein Fenster abschirmen. (Hände weg von Jalousien, ihre waagrechten Linien »zerhacken« das Chi.) Stellen Sie außerdem einen kleinen Spiegel, ein Bild mit reflektierendem Rahmen oder eine glänzende, runde Schüssel oder Vase auf den Schreibtisch, so dass sich das Fenster oder die Tür darin spiegelt.

Mehr Energie für den Arbeitsbereich

Halten Sie auf Ihrem Schreibtisch möglichst Ordnung, damit das Chi frei fließen kann. Machen Sie Platz für jeweils eine Ablage für »Eingang« und »Erledigt«, und räumen Sie Büromaterial, das Sie nicht brauchen, weg. Unbenützte Gegenstände sollten stets in Schubladen und Schränken untergebracht sein.

Hilfreich ist, wenn Sie an der Wand hinter Ihnen ein kleines Bild eines Berges aufhängen, etwa des Fujisan, Uluru (Ayers Rock) oder des Mount Everest. Es wird Sie so schützen, wie Berge ein Gebäude schützen (siehe Seite 162ff.).

Um Fortschritte zu fördern, können Sie ein kleines Wassersymbol auf den Schreibtisch stellen. Traditionell ist dies eine Karpfenfigur, aber ein Gegenstand aus glänzendem Metall in Fischform, eine Muschel oder ein Bild des Meeres oder eines Wasserfalls ist ebenso gut. Um die Konzentration auf die Arbeit zu erleichtern, sollten sich dort nicht mehr als ein oder zwei persönliche Gegenstände befinden.

Nützlich ist auch eine Lampe in der linken oberen Ecke des Schreibtisches: Dieser Bereich entspricht dem nordwestlichen Bagua-Sektor, der für hilfreiche Menschen und die Überwindung von Hindernissen steht. Es hilft, wenn man die Lampe eine halbe Stunde vor Arbeitsbeginn einschaltet. Das erzeugt ein energiereiches Umfeld, das man als »Platz des leuchtenden Geistes« *(kuang hain fang chih)* bezeichnet. Andernfalls schalten Sie die Lampe ein, wenn Sie beginnen, und aus, wenn Sie aufhören.

龙穴

Hilfreiches Chi stimulieren

Halten Sie die Mitte des Arbeitsbereiches frei, um einen sanften, gewundenen Chi-Fluss zu begünstigen. Scharfe Kanten an Ecken und Möbelstücken können das Energieniveau anheben, aber zu viele gerade Kanten können Stress, Kopfschmerzen, Nackensteifigkeit, Gereiztheit und Augenschmerzen auslösen. Entschärfen Sie diese Kanten mit Hilfe von Lampen, etwa Deckenflutern und Schreibtischlampen; mit runden Metall-Accessoires, wenn sich Ihr Büro in Erd- oder Metallabschnitten befindet; oder mit breitblättrigen Pflanzen in Holz- oder Feuersektoren. Hat Ihr Arbeitszimmer Nischen, in denen sich Chi stauen könnte, stellen Sie dort eine Pflanze oder einen Computer hinein, um die Energie in Bewegung zu bringen.

Liegt Ihr Büro nahe beim Badezimmer oder diesem gegenüber, kann ihm die Abflusswirkung des »schmutzigen« Wassers gutes Chi entziehen. »Verstecken« Sie das Badezimmer und blockieren Sie seine Energie, indem Sie außen an die Badezimmertür einen Spiegel hängen.

Bücherregale stellt man am besten in die Ecke, die am weitesten vom Schreibtisch entfernt ist, weil sie »Würgelinien« bilden, die das Chi zerstreuen. Lässt sich das nicht bewerkstelligen, stellen Sie die Bücher senkrecht und so, dass die Rücken vorne über die Regalbretter hinausragen.

Wirkungsvolle Beleuchtung

Achten Sie auf genügend natürliches und künstliches Licht, denn das trägt zur Anregung des Chi bei. Zur allgemeinen Beleuchtung sind Deckenfluter besser als Deckenlampen, weil sie

das Chi nach oben lenken. Sie werden auch eine Lampe für Ihren Schreib- oder Arbeitstisch brauchen sowie eventuell zusätzliches Licht für einen Gästebereich.

Die Kraft der Computer

Computer erzeugen gute Yang-Energie und können besonders in östlichen oder nordwestlichen Bagua-Sektoren hilfreich sein. Günstig ist, wenn man einen Amethyst auf den Computer-Monitor legt; der Kristall reinigt das Chi und bekämpft statische Elektrizität, die Stress und schlimme Kopfschmerzen verursachen könnte.

Wenn Sie weitere technische Kommunikationsgeräte haben, etwa ein Faxgerät oder einen Scanner, stellen Sie diese auf einen eigenen Tisch an einer festen Wand. Die beste Position ist im südlichen Bagua-Sektor, wo die Energie die Kommunikation und Verbindungen zur Außenwelt begünstigt.

Bereiche für unterschiedliche Aktivitäten

Wenn Sie ein eigenes Arbeitszimmer haben, teilen Sie es in Bereiche mit unterschiedlicher Funktion. Wählen Sie einen Bereich für Ihre Hauptarbeit und eventuell einen anderen für andere Aktivitäten oder Kommunikation. Schließt Ihre Arbeit Kundenbesuch mit ein, brauchen Sie vielleicht einen dritten Bereich.

Erstreckt sich das Büro über mehrere Bagua-Sektoren, richten Sie Ihren Arbeitsbereich in dem Sektor mit der aktivsten Energie ein. Wenn Sie regelmäßig Kunden empfangen, stellen Sie einen niedrigen Tisch und einige bequeme Stühle in einen Sektor, wo weniger Energie ist (beispielsweise im Südwesten).

Raum für Gruppenaktivitäten

Gruppenaktivitäten, etwa Meetings, sollten besser in einem anderen Raum, nicht in Ihrem Büro, stattfinden. Besprechungsräume erstrecken sich oft über mehr als einen Bagua-Sektor. Ost/Südost/Süden ist die beste Kombination, weil die Energien in diesen Bagua-Sektoren Wohlstand, starke Beziehungen und Geselligkeit begünstigen. Sie können aber auch andere Sektorenkombinationen nutzen.

Bei einem formellen Meeting sollte der/die Vorsitzende am weitesten von der Tür entfernt sitzen. Im Rücken sollten sich feste Wände befinden und der Blick auf Tür und Fenster sollte frei sein. Dieser »Ehrenplatz« bietet Schutz und verleiht Autorität. Verwenden Sie für formelle Meetings einen rechteckigen Tisch, der schräg im Raum steht, damit das Chi einen gewundenen Weg beschreibt. Für informelle Meetings eignet sich ein runder Tisch besser, weil dann jeder gleich wichtig ist.

Passende Farben für Ihren Beruf

Wenn Sie das Dekor wählen, bedenken Sie, welche Tätigkeit Sie in dem betreffenden Raum hauptsächlich ausüben werden. Leuchtende Farben sind eher Yang-betont und erhöhen die Energie, während dunkle oder Pastellfarben eher Yin-betont sind und beruhigend wirken. Man hält sich am besten an zwei oder drei einfache Farben und verzichtet auf Muster.

Gelb ist beinahe für jeden Arbeitsplatz und jeden Bagua-Sektor richtig, weil es das Chi anregt und die Kommunikation fördert. Ist Ihr Beruf besonders stressig, umgeben Sie sich mit Erdfarben wie Terracotta, Karamell oder Apricot.

Planung eines Meetings

Wenn Sie ein Meeting mit unterschiedlichen Aktivitäten organisieren, führen Sie jede einzelne in einem anderen Teil des Raumes aus. In einem Raum, der zwei oder drei Bagua-Sektoren umfasst, können Sie die Energie in jedem Bereich nutzen. In diesem Beispiel steht der Sitzungstisch im Norden, wo die Energie Karriere und Fortschritt fördert. Es gibt einen Präsentationsbereich im Nordosten, dem Sektor für das Lernen. Der Raum verfügt auch über einen informellen Bereich im Osten, wo das Chi Ehrgeiz fördert; der Osten wird auch mit Gesundheit assoziiert, wäre also für ein Buffet geeignet.

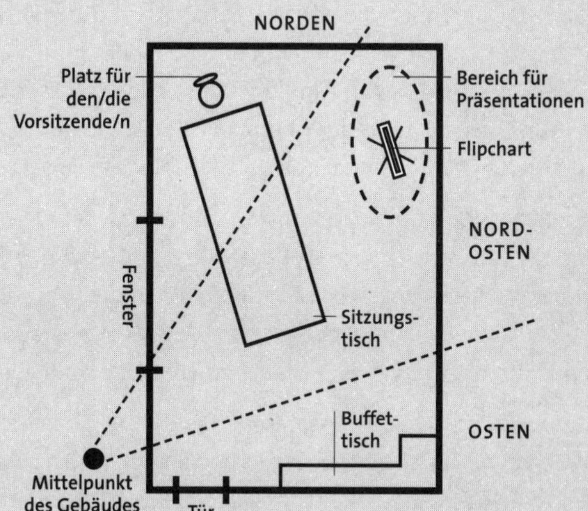

Erstreckt sich Ihr Arbeitsbereich über zwei oder mehr Bagua-Sektoren und das Dekor passt zu einem Sektor nicht, überdecken Sie die »falsche« Farbe oder das Material mit Symbolen des korrekten Elementes (siehe Seite 132).

Das Bagua auf Ihren Arbeitsplatz anwenden

Befindet sich Ihr Arbeitsplatz innerhalb Ihres Heims, ist er Teil des Gesamtbaguas für das Haus. Der ideale Platz für einen Arbeitsplatz ist jedoch ein freistehender Schuppen oder eine Garage, denn diese haben ihr eigenes Bagua, weil sie separate Gebäude sind.

Das Allerwichtigste: die Lage

- *Norden:* Das Chi im Norden bietet Schutz und begünstigt Fortschritt und Ehrgeiz. Gute Farben sind Weiß, Creme, Grau, Gold, Silber und Schwarz. Ein Holzboden ist ideal, ebenso Einrichtungsgegenstände aus Chrom und Edelstahl. Sie können auch satte Grüntöne und breitblättrige Pflanzen einsetzen.
- *Nordosten:* Das Chi im Nordosten fördert rasches Denken, Entscheidungen und Lernen. Regen Sie es mit kräftigen Erdfarben wie Terracotta, Gelb, Flieder und Karamell an. Fügen Sie die lebendige Metallenergie von Weiß, Creme, Grau und Einrichtungsgegenständen aus Chrom oder Edelstahl hinzu.
- *Osten, Südosten:* Diese Sektoren sind gut für allgemeine administrative Tätigkeit. Der Osten begünstigt Ehrgeiz, während der Südosten für Wohlstand und »reiches Leben« steht. Gute Farben sind Grün- (Holz) und Gelbtöne sowie eine Spur

Rot oder Violett (Feuer). Holzböden sind ideal. Auch Pflanzen und kleine Wasserspiele können hilfreiches Chi anregen.

➤ *Süden:* Wenn Sie in einem Bereich wie Verkauf oder Medien tätig sind, kann ein Büro in diesem Sektor ideal für Ihr berufliches Fortkommen sein. Der Süden verbindet das Heim mit der Außenwelt; er steht auch für Geselligkeit, Ansehen und Kommunikation. Fördern Sie die dominierende Feuerenergie durch helles Licht, leuchtendes Grün, Gelb, Rot und Violett sowie durch Holzböden oder -möbel.

➤ *Südwesten:* In diesem förderlichen Sektor ist das Chi wirklich zu träge für Entscheidungen oder Zielsetzungen. Der Südwesten kann jedoch für Beratungstätigkeit, Therapien oder für Personalberatung genützt werden. Stärken Sie die Erdenergie des Sektors mit satten, warmen Erdfarben, die Sie mit einigen Metallfarben und -objekten akzentuieren.

➤ *Westen:* Ein Büro in diesem Sektor ist perfekt für Kreativität, Problemlösungen, laterales Denken und neue Projekte. Wählen Sie Metallobjekte und -farben, wie Weiß, Creme, Grau, Chrom, Silber, Gold und Edelstahl. Fügen Sie einige satte Erdfarben hinzu, um eine stimulierende Mischung zu erhalten.

➤ *Nordwesten:* Für einen Geschäftsführer, Generaldirektor oder hochrangigen Manager ist dieser Sektor ideal; überlassen Sie ihn niemand anderem. Die hilfreichste Farbe ist Silbergrau, das für Autorität und das Treffen von Entscheidungen steht. Sie können auch noch Metall sowie einige Erdsymbole hinzufügen – das ergibt die richtige Energiemischung.

現代家居之传统方式

TEIL III

Moderne Aspekte des Feng Shui

Unser geschäftiges 21. Jahrhundert bietet uns viel Komfort, es kann aber auch den natürlichen Fluss des Chi stören. In diesem Teil lesen Sie, wie Sie Feng Shui einsetzen, um das Chi, das aus Ihrer Umgebung in Ihr Zuhause gelangt, optimal zu nutzen, und wie Sie sich vor gestörten Energieflüssen schützen. Sie werden auch lernen, wie Sie neue Energie in Ihr Heim bringen können.

Kapitel 12

LAGEPROBLEME LÖSEN

Aus schlecht wird gut

So wie Menschen von der Energie ihres Heims beeinflusst werden, sind auch die Gebäude selbst dem allumfassenden Energiegleichgewicht der Landschaft ausgesetzt. Mit den Worten des traditionellen Feng Shui: »Alles ist mit allem verbunden« *(ch'uan pu lien chieh)*. Eine gute Lage kann den natürlichen Fluss des Chi, das Sie und Ihr Heim aufnehmen, verbessern. Andererseits können Orte, die mit Tempo und Lärm oder mit Schmerz, Tod, Stagnation und Verfall zu tun haben, eine schädliche Wirkung auf Sie haben.

Dieses Kapitel beginnt mit einer Beschreibung idealer Feng-Shui-Orte. Aber auch wenn Ihr Heim nicht ideal liegt oder wenn sich eine Quelle negativer Energie in Ihrer Umgebung befindet, brauchen Sie sich keine Sorgen zu machen; Feng Shui hilft Ihnen, das Beste aus jeder Lage zu machen, und sei sie noch so problematisch.

Ideale Landschaften

Die alten Feng-Shui-Meister wählten bestimmte Merkmale von Landschaften, die den dort wohnenden Menschen förderlich waren und »Erzeugenden Atem«, das heißt die ideale Chi-Form (siehe Seite 51f.), begünstigten.

Zwei Beispiele dafür sind runde Hügel oder Berge, die einen Ort umschließen und schützen, sowie Wasserfälle und Fließgewässer, die Fortschritt, Wachstum und Reise symbolisieren. Diese Vorstellungen lassen sich leicht den heutigen Gegebenheiten anpassen.

In idealer Lage ist die »Drachen«-Seite (die linke Seite, wenn Sie aus Ihrer Eingangstür hinausschauen) etwas höher als die »Tiger«-Seite (die rechte). Der Rücken des Hauses ist durch Hügel, hohe Gebäude oder auch hohe Bäume geschützt, wobei diese dieselbe Wirkung haben wie die Berge einer chinesischen Landschaft. Eine niedrige Mauer oder Hecke an der Vorderfront des Hauses gäbe zusätzlich Schutz und Unterstützung.

Günstige Straßen

Straßen haben dieselbe fließende Energie wie Flüsse. Die beste Lage für ein Haus ist an einer Straße mit Gegenverkehr, die parallel zur Hausfront verläuft. Die Straße sollte vorzugsweise gewunden und weder zu stark befahren noch zu ruhig sein, sodass sie einen gesunden Chi-Fluss erzeugt. Auch Fußgängerübergänge oder Ampeln, die die Bewegung des Verkehrs steuern, sind hilfreich.

Ein weiterer guter Platz ist der Übergang zwischen einem sehr Yin-betonten und einem sehr Yang-betonten Bereich, wo sich die beiden Energien mischen – beispielsweise ein Haus an der Einfahrt in eine Sackgasse, denn es steht am Übergang zwischen der Yin-Energie der Sackgasse und der Yang-Energie der anderen Straße.

Gute Lage

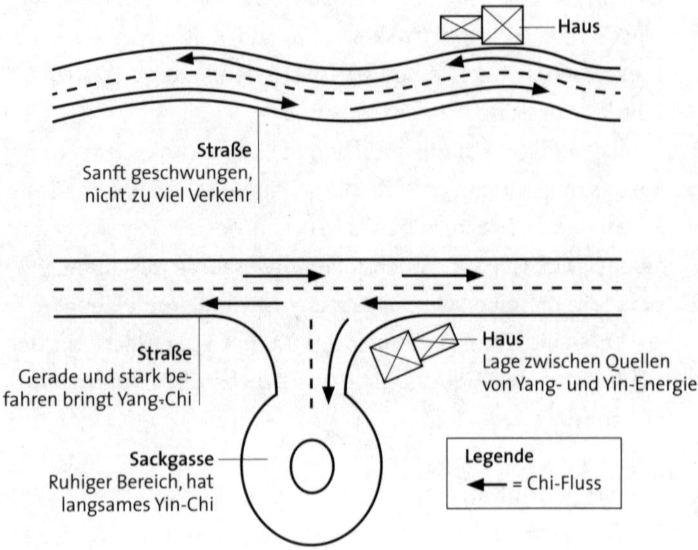

Beschleunigtes Chi

Feng-Shui-Meister erkannten Orte als »gefährlich«, wenn sie zu nahe an Wasser, weitgehend von Wasser eingeschlossen oder mit direktem Blick auf fließendes Wasser lagen. Im modernen Leben können Straßen dieselben Risiken darstellen. Schnell und stark befahrene Straßen, Überführungen und Eisenbahnlinien beschleunigen die Energie rund um Ihr Heim und lassen sie zu Yang-betont werden. Dadurch eilt gutes Chi an Ihrem Haus vorbei, statt hineinzuströmen. Wenn Sie sich vorstellen, Straßen wären Flüsse, können stark befahrene, gerade Straßen oder stark befahrene Einbahnstraßen die Energie der Häuser zu beiden Seiten wegspülen, wie es ein rasch fließender Fluss mit Uferböschungen macht.

Giftpfeile

»Giftpfeile« sind eine Art von schlechtem Chi, das direkt auf Ihr Haus trifft. Die »Pfeile« stammen von scharfen Ecken oder Kanten, etwa Dachfirsten, Mauerecken, Laternenpfählen, Bushaltestellen, Straßenmündungen, Hochspannungsmasten, Handymasten, Stromleitungen und Transformatoren.

Ein Haus an einer Straßenmündung entspricht beispielsweise einem Haus an einem reißenden Fluss. Stellen Sie sich die Straße als Hochwasser führenden Fluss vor, der auf das Haus zuschießt. Das Chi fließt viel zu schnell und kann Stress, Streitereien und Krankheiten auslösen – in China und Japan nennt man ein Haus an so einer Stelle ein »Haus der Kurzlebigen«. Sie müssen bestimmte Maßnahmen ergreifen, um sich vor Giftpfeilen zu schützen (siehe Seite 170f.).

Stagnierendes, schädliches Chi

Bestimmte Landschaftsmerkmale bremsen das Chi, lassen es zu Yin-betont und damit nutzlos werden. Die Chinesen bezeichnen dieses stark stagnierende, nichtbewegte Yin-Chi als »muffig« *(fa ch'ou wei)*. Das beste Beispiel sind stehende Gewässer. Historische Stätten, Friedhöfe, Schlachtfelder und Begräbnisstätten geben, da sie mit dem Tod zu tun haben, ebenfalls diese Energie ab. Um die schädliche Wirkung zu verstehen, stellen Sie sich Wasser vor, das durch einen Friedhof sickert, und vergleichen Sie es mit reinem, klarem, fließendem Wasser.

从坏到好

Eine sehr ruhige Straße oder das Ende einer Sackgasse kann stagnierende Energie enthalten, genau wie ein träger Fluss oder ein übelriechender Teich.

Ein ungewöhnliches Anzeichen für stagnierendes Yin-Chi in Ihrem Haus oder ringsherum kann das Vorhandensein eines Wespennests sein. Wespen werden oft von Yin-Chi angezogen und bauen mitunter Nester in der Nähe von stagnierendem Wasser oder von undichten Stellen. (Die Ureinwohner Australiens beobachten sogar das Verhalten der Wespen, um leichter Wasser zu finden.)

Schlechte Standorte für Häuser

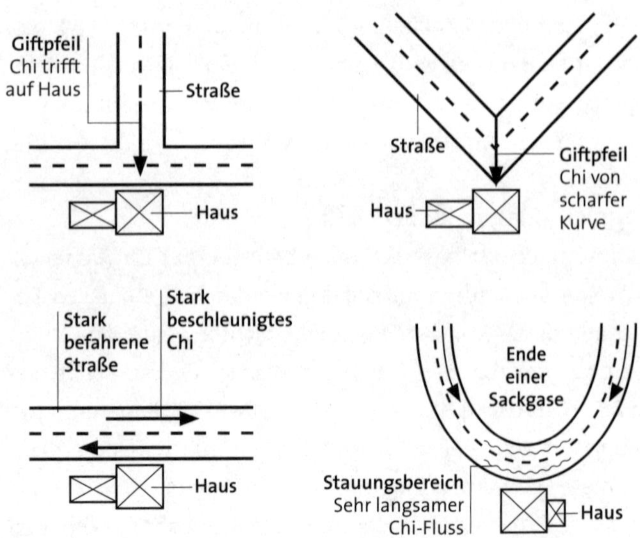

Elektromagnetische Energie

Feng Shui lehrt uns, dass alles aus Schwingungen besteht. Bestimmte Arten von Schwingungen sind sogar in unserem Alltag erkennbar. Schall gehört dazu. Er besteht aus Wellen, die sich in Luft, Wasser oder Feststoffen ausbreiten. Elektromagnetische Energie ist eine weitere Art. Sie kommt in der Natur als Licht vor (Farben sind Licht mit unterschiedlichen Schwingungen). Sie kann auch von Geräten erzeugt werden, und zwar von Mobiltelefonen bis hin zu Transformatoren.

Wir sind von einer elektromagnetischen »Brühe« umgeben, die unser Körper aufnimmt. Besteht die »Brühe« aus gesunden Zutaten, tut sie uns gut, enthält sie aber vergiftete oder veränderte Zutaten, schadet sie unserem Chi und hinterlässt ihre Spuren in unserem System. Manche Menschen reagieren besonders empfindlich auf diese Energie, Auswirkungen kann sie aber auf jeden von uns haben.

In der Landschaft erzeugen Hochspannungsmasten, Handymasten oder Transformatoren Hotspots konzentrierter Energiewirbel, die negative Auswirkungen auf das Immunsystem haben können. In der Folge können Menschen durch Mikrowellen erhitztes, durcheinandergebrachtes Chi aufnehmen. Einige Studien deuten sogar darauf hin, dass Krankheiten wie chronisches Erschöpfungssyndrom, multiple Sklerose und viele Arten von Krebs mit dieser unnatürlichen Energie zusammenhängen.

Schwarze Ströme

Veränderte elektromagnetische Energie kann auch auf natürlichem Wege unter der Erde entstehen und sogenannte

从坏到好

»schwarze Ströme« bilden, geopathische Stresslinien. Eine Quelle für schwarze Ströme ist Wasser, etwa in Wasserläufen und Quellen. Die andere, stärkere Quelle sind Ley-Linien, Linien starker, bewegter elektromagnetischer Energie. In alter Zeit wurden auf Ley-Linien oder den Orten, wo sich die Linien kreuzten, oft Hexenzirkel abgehalten oder Steinkreise, ja sogar Kirchen und andere heiligen Stätten errichtet.

Ich habe bei meiner Arbeit in etwa einem von dreißig Häusern schwarze Ströme angetroffen. Sie treten gerne in sehr flachen, sumpfigen Gebieten auf, in denen es viele Entwässerungsgräben und -tümpel gibt – oder in unwegsamen, hügeligen oder gebirgigen Gebieten mit hartem Gestein, durch das Wasser fließt. Manchmal teilt sich ein schwarzer Strom, der unter einem Haus verläuft, und stört das Chi. Häufig wird das Problem durch Hochspannungsmasten, Transformatoren oder Handymasten in der Nähe noch verstärkt.

Hochempfindliche Personen

Manche Menschen reagieren auf schwarze Ströme empfindlicher als andere. Auch Tiere sind dafür sehr empfänglich. So haben Hunde beispielsweise ziemlich Yang-betonte Energien und meiden daher solche Stellen. Katzen haben dagegen eher Yin-betonte Energien und schlafen häufig an Plätzen über schwarzen Strömen. Manche Menschen reagieren auf jede Quelle elektromagnetischer Energie. Die Mischung aus natürlichen schwarzen Strömen und gestörter Energie aus künstlichen Quellen kann sich verheerend auf Ihre Leistungsfähigkeit auswirken.

Schädliche Energie ableiten

Die Antwort auf alle diese Umweltprobleme ist fast immer gleich. Schützen Sie sich selbst und Ihr Heim, indem Sie einen »Schutzschild« oder ein gutes Energiefeld zwischen sich und der Quelle des schädlichen Chi anbringen (siehe unten). Die Feng-Shui-Regel lautet: Wenn Sie ein Problem sehen können, wirkt es sich aus, wenn Sie es jedoch abschirmen oder verstecken können, trägt dies dazu bei, seine Wirkung aufzuheben.

Während sich Quellen elektromagnetischer Energie in Ihrem Umfeld oftmals umgehen lassen (oder Sie sich zumindest abschirmen können), sind schwarze Ströme sehr schwer zu finden und Maßnahmen daher schwierig. Hier zieht man am besten einen Feng-Shui-Fachmann zu Rate. Meiner Erfahrung nach lassen sich diese Problemzonen nur durch Rutengehen orten. Ich selbst setze Metallruten oder Kristalle zum Aufspüren der Energie ein. Man kann die Energie eines schwarzen Stroms mit Hilfe von Erdsymbolen blockieren, etwa mit Erdfarben, Stein, Fliesen oder Kristall – aber das ist ausgesprochen schwierig.

Gutes Chi anregen

Wenn Sie einen Garten haben, benutzen Sie ihn als »Burggraben«. Mit Mauern oder Zäunen, Hecken, Bäumen oder Bambusreihen lässt sich ein gefährliches Element recht gut verbergen, und schädliches Chi wird am Eindringen gehindert (siehe auch Seite 139f.).

Verwenden Sie in Ihrem Heim Farben, Licht, Pflanzen und Spiegel, je nach Bagua-Sektor, um den Fluss des hilfreichen Chi zu fördern. Geeignete Farben und Materialien für jeden Bagua-Sektor finden Sie auf Seite 189 bis 195. Es gibt auch mehrere Möglichkeiten, bestimmte Räume vor schädlichem Chi zu schützen; Näheres dazu lesen Sie im zweiten Teil des Buches.

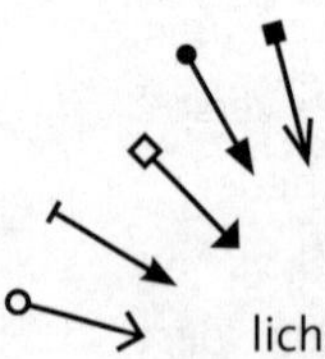

Wappnen Sie sich gegen Giftpfeile

Türen und Fenster lassen Chi in Ihr Heim, daher müssen Sie sie einzeln auf Giftpfeile überprüfen. Bei Fenstern können Senkrechtlamellen helfen, schädliches Chi zu zerstreuen. Pflanzen oder abgerundete Metallgegenstände, je nach Bagua-Sektor, können an einem Fenster ebenfalls sehr wirkungsvoll sein. Bergkristalle sind ein traditionelles Hilfsmittel; wenn Ihnen dies nicht zusagt, können Sie genauso gut einen Ziergegenstand oder eine Schale aus Kristallglas aufstellen.

Oder Sie könnten schützende Figuren auf die Fensterbretter stellen, auf die Giftpfeile gerichtet sind. Hunde bieten einen idealen Schutz. Wenn Sie einen Hund haben, wäre ein Bild von ihm hier hilfreich. Ebenfalls guten Schutz bieten gefährliche Tiere wie Löwen, Geparden oder Bären. Nehmen Sie jedoch keine Tiger, denn ihre Energie ist zu stark für Häuser (siehe Seite 33f.).

Die Chinesen verwenden traditionell Figuren von »schützenden Kriegern« *(chan shih)* wie Kwang Kong (Gott des Wohlstands und des Schutzes). Eine moderne Entsprechung wäre ein Bild von einer Führungspersönlichkeit, die Sie bewundern, oder das Modell einer Figur wie zum Beispiel Superman. Ein Fan der britischen TV-Serie *Doctor Who* wählte einen Dalek; dieser kriegerische Außerirdische mag nicht nach jedermanns Geschmack sein, aber für den Betreffenden war es eine gute Lösung.

Erkennen Sie Probleme in Ihrem Heim

Wir wissen, wie ein physikalischer Reiz, etwa ein tropfender Wasserhahn oder laute Musik oder die immer wieder aufheulende Alarmanlage eines Autos uns auf die Nerven gehen kann. Auf dieselbe Weise schädigt ein undichtes oder lautes Energieumfeld allmählich unser eigenes Chi. Hier müssen Sie das Einmaleins des Feng Shui anwenden: Bewusstsein, Ausgewogenheit und Lenkung (siehe Seite 53f.). Wenn Sie ein Problem haben, müssen Sie sich zunächst bewusst machen, woher dieses Problem rührt, und dann die Energien ausgleichen und lenken.

Wenn Sie ein neues Haus oder eine Wohnung kaufen, versuchen Sie, möglichst viele problematische Faktoren zu vermeiden. Immer wenn ich eine Beratung durchführe, werfe ich einen Blick auf die Landkarte, bevor ich den Ort aufsuche, und wenn ich dort bin, gehe ich herum, spreche mit Anwohnern und frage nach guten und schlechten Eigenschaften. Gut prüfen lässt sich dies, indem man einen Blick aus jedem Fenster wirft und darauf achtet, was man sieht. Alles, was Sie sehen, wird sich auswirken. Wenn Sie Probleme in Ihrem jetzigen Heim haben, ermitteln Sie diese anhand der folgenden Fragen und sehen Sie sich anschließend nochmals die Tipps in diesem Kapitel und im entsprechenden Kapitel von Teil II an, um die Probleme zu beheben.

Haben Sie ein Problem festgestellt?

Stellen Sie sich folgende Fragen, um herauszufinden, ob irgendwelche Probleme in diesem Kapitel Sie betreffen:

- Löst die Atmosphäre in Ihrem Heim oder in einem bestimmten Raum bei Ihnen Unbehagen aus?
- Sind gesundheitliche Probleme aufgetreten, seit Sie diese Räumlichkeiten bezogen haben?
- Wenn Sie gesundheitliche Probleme haben, fühlen Sie sich besser, wenn Sie einige Zeit auswärts sind?
- Können Sie von irgendwelchen Türen oder Fenstern »Giftpfeile« sehen?
- Gibt es Quellen für schädliches Yin-Chi in der Nähe Ihres Hauses, etwa eine Sackgasse oder einen Friedhof?
- Befinden sich in der Nähe Ihres Hauses irgendwelche Hochspannungs- und Handymasten oder Elektrizitätsquellen?
- Wurden in Ihrer Nähe in den letzten Jahren Straßen gebaut, Kanal- oder Abwassersysteme gelegt und Handymasten oder Ähnliches errichtet?
- Haben sich im Anschluss daran irgendwelche Störungen Ihrer Gesundheit oder Ihres Lebens bemerkbar gemacht?

Kapitel 13

VERKAUF ODER REVITALISIERUNG

Auffrischung

Dieses Kapitel befasst sich mit einfachen, praktischen Tipps, wie Sie die Energien in Ihrem Heim beleben können. Am hilfreichsten sind diese, wenn Sie es verkaufen möchten, weil sie neue Energie hereinlassen und Ihnen die Kraft geben weiterzuziehen. Manche sind geeignet, wenn Haus oder Wohnung erstmals zum Verkauf angeboten werden, andere bieten schnelle Hilfe, wenn sich potenzielle Käufer angekündigt haben.

Sie können diese Methoden auch einsetzen, wenn Sie an Ihrem Heim eine größere Veränderung vorgenommen haben, etwa angebaut oder die Verwendung eines Raumes verändert haben; sie geben Ihnen die Möglichkeit, die neue Energie optimal zu nutzen.

Und schließlich können diese Tipps Ihnen helfen, sich auf Veränderungen in Ihrem Leben vorzubereiten, etwa Heirat, ein Baby oder einen neuen Job oder einfach auf ein großes Familienfest; Sie können sie einsetzen, um das Chi bei sich zuhause zu optimieren und Ihre eigene Energie zu erhöhen. Oder Sie können sie nutzen, um mit einer persönlichen oder familiären Krise besser zurechtzukommen oder einfach nur einen langen, dunklen Winter zu überstehen.

清新

Den Verkauf vorbereiten

Wenn Sie Ihr Haus verkaufen, müssen Sie sich darauf vorbereiten, weiterzuziehen und fremde, neue Energien in das Haus hineinzulassen. Die folgenden Tipps werden Ihnen dabei helfen, im Geist den entscheidenden Schritt zu tun. Sie werden gleichzeitig das Haus für potenzielle Käufer einladender machen.

- Beginnen Sie, Ihre Habseligkeiten einzupacken. Stellen Sie die Kisten nach Möglichkeit alle in einen Raum und decken Sie sie ab. Das zeigt potenziellen Käufern, dass es Ihnen mit dem Ausziehen ernst ist, dass Sie symbolisch bereits auf dem Weg sind.
- Räumen Sie Familienbilder oder persönliche Gegenstände, etwa Stofftiere, weg, bevor jemand das Haus besichtigt. Damit beginnen Sie, Ihre Persönlichkeit aus den Räumen zu entfernen, Sie empfinden das Haus nicht mehr so ganz als das Ihre. Die Räume sind dann wie eine weiße Leinwand, und die potenziellen Käufer können sich besser vorstellen, wie sie das Haus gestalten und darin leben könnten.
- Schalten Sie zwei bis drei Stunden vor einer Besichtigung alle Lichter im Haus ein, um das Chi zu bewegen und anzuregen. Das ist besonders wichtig in Räumen, die selten oder nie benutzt werden, etwa in Gästezimmern oder ehemaligen Kinderzimmern.
- Lassen Sie viel Tageslicht in die Diele oder schalten Sie das Licht ein und lassen Sie es während der Hausbesichtigung brennen.

- Machen Sie das Wohnzimmer heller, etwa mit viel Licht und einigen kräftigen, leuchtenden »Yang«-Farben, mit denen Sie den Raum gestalten und dekorieren. Oder stellen Sie eine oder zwei Vasen mit frischen Blumen auf.

- Achten Sie darauf, dass in den Schlafzimmern alle Betten frisch gemacht sind. Bei Doppelbetten sollten zu beiden Seiten passende Nachttische und Lampen stehen, um harmonische Energien zu fördern.
- Räumen Sie vor einer Besichtigung alle Zimmer auf und machen Sie sie sauber – das hilft, das Chi zu beleben. Halten Sie außerdem alle Zimmertüren geschlossen, damit die Räume die ihnen eigene Energie behalten.
- Zeigen Sie Besuchern zuerst die Küche, weil sie der »Maschinenraum« des Hauses ist, und gehen Sie von dort weiter.

Ausgleich von Yin- und Yang-Chi

Um die korrekte Energiemischung für Ihren Lebensstil zu erzielen, müssen Sie zunächst Ihre Absichten für das gesamte Haus oder die Wohnung festlegen. Entscheiden Sie, ob Sie ein stilles Refugium (mehr Yin) oder geschäftiges Treiben (mehr Yang) möchten. Eine Yin-betonte Atmosphäre kann beruhigend wirken, wenn Ihr Berufs- oder Familienleben hektisch ist oder wenn Sie für kleine Kinder oder alte Menschen sorgen; eine eher Yang-betonte Atmosphäre kann helfen, wenn Sie zu Hause arbeiten. Häuser auf dem Land sind eher Yin-betont, Stadtwohnungen eher Yang-betont. Sie müssen die Energie Ihres Hauses

清新

auch mit Yin- und Yang-Elementen in der Landschaft ins Gleichgewicht bringen, etwa mit stillen Kirchen oder stark befahrenen Straßen (siehe Kapitel 12).

Die folgenden Fragen sollen Ihnen helfen, die für Sie richtige Mischung aus Yin und Yang zu finden. Wenn das geklärt ist, sehen Sie sich das Verhältnis zwischen Yin und Yang in jedem einzelnen Raum an (siehe Teil II).

Hier ist mehr Yang nötig

- Arbeiten Sie zuhause?
- Laden Sie gerne Gäste ein?
- Streben Sie eine Beförderung oder eine bessere Arbeit an?
- Sind Sie weniger zuversichtlich oder deprimierter als sonst?
- Stehen Sie am Beginn einer neuen, aufregenden Lebensphase, etwa vor einer Heirat, einem beruflichen Neubeginn oder der Geburt eines Kindes?

Hier ist mehr Yin nötig

- Müssen Sie den Stress in Ihrem Leben verringern?
- Haben Sie kleine Kinder oder ältere Menschen in Ihrem Haus?
- Ist Ihr Beruf betriebsam oder hektisch und brauchen Sie ein Refugium?
- Sind Sie kurz vor dem Ruhestand und gehen das Leben geruhsamer an?
- Haben Sie größere gesundheitliche oder emotionale Pro-

bleme, etwa Herzerkrankungen, Bluthochdruck oder unkontrollierbare Zornausbrüche?

Das ganze Haus auffrischen

Die folgenden Richtlinien werden Ihnen helfen, den »Erzeugenden Atem« beziehungsweise das ideale Chi (siehe Seite 51f.) überall in Ihrem Heim anzuregen. Sie können damit auch verhindern, dass Unordnung entsteht, die eine wichtige Ursache von Energieblockaden sein kann. Ob Sie die Wohnung neu ausstatten oder nicht, mit diesen Schritten verleihen Sie Ihrem Heim wieder eine frische Atmosphäre.

- Schalten Sie fünf Tage lang für einige Stunden das Licht ein. Lassen Sie das Licht bei der Eingangstür, außen und innen, von der Dämmerung bis zum Schlafengehen brennen. In dieser Zeit erhöhen diese »Willkommenslichter« das Energieniveau an der Eingangstür und in der Diele. Schalten Sie außerdem die Dielenbeleuchtung im Obergeschoss ein, um das Chi nach oben zu befördern und zu verhindern, dass es die Treppe hinunterfließt.
- Halten Sie grundsätzlich alle Innentüren geschlossen, auch Schiebetüren. Wenn jeder Raum verschlossen ist, kann er seine Energiemischung aufbauen; wenn Sie von einem Raum in den anderen gehen, sollte sich jeder anders anfühlen, eine stärkere Wirkung haben und Ihr Leben beeinflussen.
- Öffnen Sie einmal pro Woche alle Türen und einige Fenster (außer Badezimmer- oder WC-Türen), damit Energie durch das Haus geblasen wird. Das macht man am besten mor-

清新

gens, wenn der Energiefluss noch sehr Yang-betont und aktiv ist. Anschließend bleiben die Türen wie gewöhnlich geschlossen (siehe Seite 177), damit sich die aufgefrischten Energien wieder aufbauen können.

- Jeder Platz in Ihrem Heim sollte einen klar definierten Zweck haben, auch Anbauten, Dachboden und Garage. Halten Sie in jedem Raum Ordnung, bewahren Sie nur Dinge auf, die dort benötigt werden; mit diesen Maßnahmen verhindern Sie, dass sich Gerümpel ansammelt.
- Wenn Sie ein zusätzliches Zimmer haben, weisen Sie ihm eine spezifische Funktion zu, etwa Bügel- oder Ankleidezimmer oder Lagerraum. Egal, wofür Sie den Raum verwenden, halten Sie dort Ordnung, damit das Chi ungehindert fließen kann .
- Alle leeren Räume Ihres Zuhauses enthalten verbrauchte Yin-Energie. Um das Energieniveau zu heben, gehen Sie täglich in diese Räume. Licht und Klang tragen ebenfalls dazu bei, dass das Chi in Bewegung bleibt; machen Sie für zwei, drei Stunden am Tag das Licht an (oder installieren Sie eine Zeitschaltuhr, wenn möglich) und drehen Sie für eine Weile Radio oder Musik auf.

- Sind Ihre Kinder schon aus dem Haus oder haben Sie ein Gästezimmer, gehen Sie täglich in den unbenutzten Raum, um das Chi zu bewahren und um zu verhindern, dass sich darin eine stille, museumsähnliche Yin-Energie entwickelt. Sie könnten das Zimmer zum Sitzen und Lesen oder zum Entspannen nutzen; auf diese Weise bringen Sie Ihre Energie ein.

Schalten Sie das Licht ein, und setzen Sie Geräusche oder Musik ein, um das Chi anzuheben (siehe Seite 178).

- Unbenutzte Gegenstände oder Gerümpel können den Chi-Fluss in Räumen blockieren. Gehen Sie immer wieder durch alle Räume und entfernen Sie unnützes Zeug. Trennen Sie sich von allem, was Sie nicht mehr verwenden, brauchen oder mögen; werfen Sie es weg, versteigern Sie es oder stiften Sie es für wohltätige Zwecke.
- Wenn Sie nichtbenutzte Dinge aufheben möchten, stellen Sie alles in einen Raum und decken Sie es mit Tüchern oder Überwürfen in einer zum Bagua-Sektor passenden Farbe ab (siehe Seite 189ff.). Stapeln Sie diese Gegenstände, wenn möglich, übereinander, und legen Sie über jeden ein Tuch. Dann verursacht diese eine Stelle nur eine Blockade, nicht viele Blockaden. Wenn Sie bestimmte Dinge dauerhaft lagern müssen, mieten Sie einen Lagerraum, um die »Blockade« aus dem Haus zu schaffen.

Bestimmte Bereiche auffrischen

Diese Tipps helfen Ihnen, das Chi in bestimmten Bereichen zu beleben. Umfassendere Informationen für jeden Raum erhalten Sie in Teil II; Einzelheiten zu den Bagua-Sektoren finden sich in der »Anleitung zur Anwendung des Bagua« (siehe Seite 185ff.); die nachfolgende Liste bietet jedoch einen kurzen Überblick.

- Hängen Sie links neben der Eingangstür, von innen gesehen, ein Symbol für »fließendes, gutes Wasser« auf, etwa einen kleinen Spiegel mit Metallrahmen oder ein kleines Bild von

清新

einem Wasserfall. Solch ein Symbol ist hilfreich, weil es Fortschritt, Bewegung und Energie darstellt. Haben Sie hier bereits ein Wasserbild, kaufen Sie ein neues Symbol und ersetzen Sie das alte.

- Entfernen Sie alle Wassersymbole aus Badezimmern. Nehmen Sie alle Pflanzen (Holzsymbole) weg, da diese den Energieabfluss verstärken. Fügen Sie Erdfarben, wie Gelb, und Symbole wie Kiesel hinzu, um das Wasser zu lenken. Halten Sie Tür und Toilettendeckel geschlossen.
- Legen Sie kleine Amethystkristalle auf elektrische Geräte wie Fernsehapparate, Computer, Stromzähler und Sicherungskästen. Der Amethyst trägt zur Reinigung des Chi bei und neutralisiert die schwächende Wirkung der statischen Elektrizität.
- Stellen Sie gelbe Blumen – frische oder Seidenblumen – in Wohnzimmer, Diele und Esszimmer auf. Sie regen das Chi an und fördern die Kommunikation sowie die geistige Aktivität.
- Fördern Sie im Norden Ihres Hauses die Wasserenergie dieses Sektors mit Schwarz- und Blautönen und eventuell einem kleinen Wassersymbol, zum Beispiel einem Muschelhorn. Sie können das Chi auch durch große, breitblättrige, immergrüne Pflanzen fördern, deren Holzenergie Wasser unterstützt (siehe *Nährender Zyklus*, Seite 47). Oder Sie setzen einige Metallsymbole ein, etwa Weiß- und Cremetöne für die Wände oder die Ausstattung, oder glänzende Metallziergegenstände.

- Verwenden Sie im Nordosten Ihres Heims Deckenfluter aus Metall, um die lebendige Energie zu fördern, besonders wenn es sich um ein Wohn-, Ess- oder Arbeitszimmer handelt. Der Nordosten ist auch ausgezeichnet für elektrische Geräte wie Fernseher oder Stereoanlagen geeignet. Wenn Sie möchten, können Sie die spirituellen Energien mit einem Buddha und runden Bergkristallen fördern.

- Beleben Sie den Osten Ihres Heims mit Bambus oder anderen Pflanzen und mit Blumen – sie alle stärken die in diesem Sektor dominierende Holzenergie. (Verzichten Sie jedoch im Schlafzimmer auf Pflanzen: ihre Energie ist zu stark.) Runde Ziergegenstände, etwa grüne oder Jade-Eier, sind ideal für das Wohnzimmer.

- In einem Wohn-, Ess-, Arbeitszimmer oder Anbau im Südosten können die folgenden Maßnahmen das Chi für Wohlstand, Gesundheit und stabile Beziehungen stärken. Fügen Sie Wassersymbole, etwa ein Aquarium, ein Bild von einem See oder Ozean oder einen Ziergegenstand in Fisch-, Muschel- oder Froschform hinzu. Sie können auch eine *Crassula* (Geldbaum) oder einen *Philodendron* hineinstellen. Verwenden Sie jedoch keines dieser Symbole in Schlafzimmern, Badezimmern oder Küchen, da sie sich nicht mit den Energien dieser Räume vertragen.

- Wenn Sie ein Wohnzimmer, ein Büro oder eine Diele im Süden haben, stärken Sie die Feuerenergie des Sektors mit warmen Wüstenfarben, etwa Rot-, Gelb- und Violetttönen. Rote oder gelbe Blumen eignen sich hervorragend, um die Energie zu erhöhen. Große, breitblättrige Pflanzen (siehe Norden, Seite 180) sind ebenfalls gut. Wenn Sie Ihre Verbindungen mit der Außenwelt verbessern müssen, hängen Sie das Bild eines bunten Vogels auf oder stellen Sie eine Vogelfigur auf, zum Beispiel einen Fasan, Hahn, Pfau oder Phönix.

- Im Süden und Südwesten, besonders in Wohn- und Esszimmern, legen Sie rechteckige oder quadratische Teppiche in Gelb oder feurigen Farben auf. Die eckigen Formen fördern das Yang-Chi, die Farben harmonisieren die Elemente dieser Sektoren (Feuer beziehungsweise Erde).

- Bereichern Sie den Südwesten Ihres Heims mit Erdfarben, wie Terracotta, Gelb, Braun, Karamell, Flieder und Lavendel. Diese Farben verstärken die freundliche, »kuschelige« Energie dieses Sektors und bringen große Harmonie und Stabilität in Ihr Heim. Sie müssen jedoch Holzsymbole, wie Pflanzen, grüne Farben und Holzböden oder -möbel, sowie Wassersymbole entfernen, weil ihre Energien das Chi im Südwesten stören.

- Bringen Sie im Westen viele Metallfarben und -symbole ein, wie Weiß-, Creme-, Grautöne und Ziergegenstände aus Metall. Diese Symbole fördern Stärke, Entschlusskraft und neue Gelegenheiten.

- Um das Chi im Nordwesten zu stärken, fügen Sie glänzende, abgerundete Ziergegenstände aus Metall hinzu. Sie wirken anregend und belebend und beseitigen alte, verbrauchte Energie, so dass das Chi rascher fließt.

- Im Westen und Nordwesten können glänzende, dekorative Metallschalen und -vasen das Chi kräftig beleben. Messing, Kupfer, Edelstahl und Chrom sind ausgezeichnet. Die Schalen sollten leer sein, da sie dann stärker wirken; sie ziehen neue Energie an.

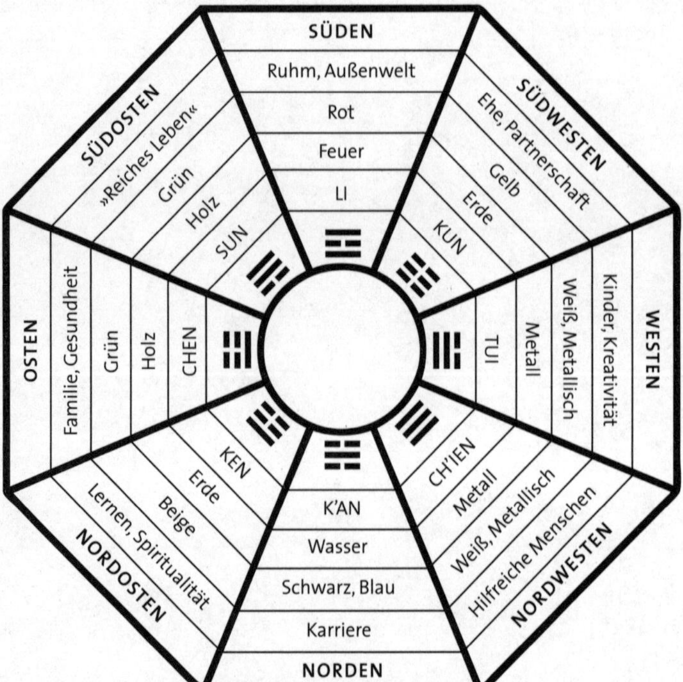
SÜDEN
Ruhm, Außenwelt
Rot
Feuer
LI
SÜDWESTEN
Ehe, Partnerschaft
Gelb
Erde
KUN
WESTEN
Kinder, Kreativität
Weiß, Metallisch
Metall
TUI
NORDWESTEN
Hilfreiche Menschen
Weiß, Metallisch
Metall
CH'IEN
NORDEN
Karriere
Schwarz, Blau
Wasser
K'AN
NORDOSTEN
Lernen, Spiritualität
Beige
Erde
KEN
OSTEN
Familie, Gesundheit
Grün
Holz
CHEN
SÜDOSTEN
»Reiches Leben«
Grün
Holz
SUN

ANLEITUNG ZUR ANWENDUNG DES BAGUA

Ratschläge für die Arbeit mit den Energien der Bagua-Sektoren

Die Bagua-Sektoren

Das Diagramm auf Seite 184 zeigt das Bagua. Darin finden Sie den Namen jedes Sektors, dann, weiter zur Mitte hin, die Lebensbereiche, die dieser Sektor unterstützt, die damit assoziierte(n) Farbe(n) und das Element sowie das symbolische Trigramm (und dessen Namen) für den jeweiligen Sektor. Das Bagua wird stets so verwendet, dass Norden unten und Süden oben liegt. Die Mitte, das *Tai Chi*, bleibt immer frei.

Das Bagua und Ihre Ziele

Sie können die Energien der Bagua-Sektoren zur Unterstützung in verschiedenen Aspekten Ihres Lebens einsetzen. Die nachstehende Liste zeigt Ihnen die wichtigsten Lebensbereiche, die jeder Sektor für Sie verbessern oder neu beleben kann. Der Übersicht auf Seite 188 entnehmen Sie, wie Sie die Wirkung unterschiedlicher Sektoren kombinieren können, um bestimmte Ziele zu erreichen.

Norden

Element: Wasser.

Steht für: stetigen Fortschritt, Bewegung – besonders beruflich.

Arbeiten Sie am Norden, wenn Sie eine Beförderung, eine Gehaltserhöhung oder einen beruflichen Wechsel anstreben.

Nordosten

Element: Erde.

Steht für: Spiritualität, Lernen, Studium, alte Weisheit.

Das Chi im Nordosten ist mächtig und dynamisch, daher ist dieser Sektor ideal für das Erlernen einer Fremdsprache, für Forschung oder Studium. Er fördert auch die körperliche und geistige Energie, daher ist er gut für Yoga, Tai Chi, Meditation und Kampfsportarten und unterstützt Alternativmedizin wie Akupunktur, Reiki oder Aromatherapie.

Osten

Element: Holz.

Steht für: Ehrgeiz, Wachstum, Gesundheit, Langlebigkeit, familiäres Wohlbefinden.

Versuchen Sie es mit Verbesserungen in diesem Sektor, wenn Sie beruflich weiterkommen oder Ihre Gesundheit oder die familiären Beziehungen verbessern möchten.

Südosten

Element: Holz.

Steht für: »reiches Leben« – Wohlstand, Lebensqualität, starke Beziehungen.

Versuchen Sie, am südöstlichen Chi zu arbeiten, wenn Sie in Ihrer Persönlichkeit wachsen und mehr von den »guten Dingen« im Leben anziehen möchten.

Süden

Element: Feuer.

Steht für: Verbindungen zur Außenwelt.

Traditionell als »helle Halle« (Ming Tang) bezeichnet, steht der Süden für Ruhm, Begeisterung und starke, pulsierende, »gesprächige« Energie. Wenn Sie im Verkauf, in der PR-, Werbe-, Unterhaltungs- oder Medienbranche tätig sind oder dort einsteigen wollen, sollten Sie diesen Sektor fördern. Das Chi hier unterstützt auch allgemein Beliebtheit und Geselligkeit.

Südwesten

Element: Erde.

Steht für: Stabilität, intime Beziehungen, Entspannung.

Dieser Sektor ist ideal für ein Paar; als entspannendes Refugium kann er zur Förderung von Beziehungen eingesetzt werden. Für einen Therapeuten, der Klienten einzeln behandelt, kann ein Raum in diesem Sektor für förderliche Energie sorgen, die bei emotionalen Traumata hilft.

Westen

Element: Metall.

Steht für: Kreativität, Problemlösung, kindliche Energie.

Versuchen Sie, den Westen zu verbessern, um Querdenken, originelle Ideen und Kreativität, besonders in der Kunst, zu fördern. Der Westen ist auch sehr gut für einen neuen Anfang. Das Chi unterstützt die kindliche Energie, daher könnte es helfen, am Westen zu arbeiten, wenn Sie ein Baby möchten.

Nordwesten

Element: Metall.

Steht für: Überwindung von Hindernissen, hilfreiche Menschen, wichtige Treffen, Entscheidungsfindung.

Verbesserungen im Nordwesten helfen bei den meisten Zielen. Das Chi unterstützt Entschlussfreudigkeit, Bestimmtheit und Autorität. Dieser Sektor sollte stets dem Haushaltsvorstand oder Chef unterstehen; wird er von Kindern oder Gästen bewohnt, übernehmen womöglich diese das Zepter.

Ihre Ziele und das Bagua

Lebensziel	*Sektor*
Gesundheit verbessern	O, S, W, NW
Zuversicht steigern	S, W, N, NW
Depression mildern	W, S, O, N, NW, NO
Neubeginn machen	W, NW, S, O, N, NO
Lernen und Forschung	NO, O, S, W, NW
Karriere fördern, Beförderung	NW, N, O, SO, S, W
Liebe finden, Beziehungen	S, SW, W, NW
Fruchtbarkeit fördern	W, SW, S, NW, O
Kommunikation verbessern	S, W, NW, W, SO

Jeden einzelnen Bagua-Sektor verbessern

Die Vorschläge hier helfen Ihnen, in jedem Bagua-Sektor eine ergiebige Mischung von Energien zu schaffen, unabhängig davon, welcher Raum sich dort befindet. Einzelheiten zu der Frage, wie Sie die Energien in bestimmten Räumen fördern, finden Sie am Ende jedes Kapitels in Teil II.

Norden

Farben: Grün (Holz); Blau, glänzendes Schwarz (Wasser); Weiß, Creme, Silber (Metall).
Materialien: Alle Metalle, besonders glänzende wie Edelstahl.
Ziergegenstände: Schildkröte (Symboltier des Nordens). Wassersymbole, wie Gegenstände mit Wassermerkmalen, Bilder von Wasser, Muscheln, Tierfiguren wie Fische, Frösche, Kröten. Runde Metallgegenstände wie Vasen. Auch gut für große, breitblättrige immergrüne Pflanzen, etwa Gummibaum, Fensterblatt, *Crassula* (Geldbaum).
Meiden: Erdfarben wie Terracotta, Karamell, Pfirsich, Apricot; feurige Farben wie Rot, Violett, Gelb.

Nordosten

*Farben:*Terracotta, Karamell, Lila, Pfirsich, Toffee, Grau-Beige, mattes Schwarz (Erde); Weiß, Creme, Grau, metallische Farben; Tupfer von Gelb, Rot, Violett (Feuer).
Materialien: Stein, Metalle.
Ziergegenstände: Alte oder spirituelle Objekte, wie Bilder von alten oder heiligen Gebäuden, Bergen, Buddha, Engeln oder Gurus. Auch Kristalle, besonders Bergkristall.

Meiden: Pflanzen, grüne Farben (Holz); Blau, Wasser, Wassersymbole.

Osten

Farben: Grün (Holz); Blau, Türkis (Wasser); Gelb, Rot, Violett (Feuer)
Materialien: Holz.
Ziergegenstände: Große immergrüne Pflanzen; Wasserspiele und -symbole. Auch Bilder von Familienmitgliedern, älteren Verwandten und Ahnen, um familiäre Beziehungen zu stärken.
Meiden: Weiß, Creme, Grau, Metallobjekte; Terracotta, Braun, Karamell (Erde).

Überliefertes

Der Osten ist der Sektor des Drachen und daher ein idealer Platz für ein Drachenornament. An seinem perfekten Platz in einem Heim oder Garten hat der Drache den Blick nach Westen und Aussicht auf Wasser. Wenn Sie aufrecht stehen, darf er sich nie oberhalb Ihrer Augenhöhe befinden – ansonsten wird er zu mächtig. Platzieren Sie ihn niemals gegenüber einer Küche, einem Badezimmer oder einer Vordertür. Der Ausblick auf Küche oder Badezimmer gilt als respektlos; wenn Sie ihn hingegen auf die Eingangstür richten, bitten Sie ihn und das Glück symbolisch, Ihr Haus zu verlassen!

Südosten

Farben: Wie Osten (siehe Seite 190); die beiden Sektoren vertragen sich gut. Grün (Holz); Blau, Türkis (Wasser); Gelb, Rot, Violett (Feuer).

Materialien: Holz

Ziergegenstände: Große immergrüne Pflanzen; Bilder von Blumen oder Landschaften; Wasserspiel oder Aquarium und Wassersymbole. Auch Bilder von der Familie, von älteren Verwandten und Ahnen, um familiäre Beziehungen zu stärken.

Meiden: Weiß, Creme, Metallfarben; Terracotta, Braun, Karamell (Erde).

Süden

Farben: Rot, Violett, Gelb (Feuer). Auch Grün (Holz), Terracotta, Braun, Pfirsich, Lavendel (Erde).

Materialien: Feuer (Kamine und Grillvorrichtungen).

Ziergegenstände: Helles Licht; leuchtende Blumen, wie Mohn- und Sonnenblumen; Bilder oder Ziergegenstände von Vögeln, wie Phönix, Papagei, Fasan oder Hahn oder von galoppierenden Pferden. Große immergrüne Pflanzen. Um Kommunikation und Ruhm zu fördern, hängen Sie Poster von Lieblingsfilmen oder Filmstars mit frohen, positiven Motiven auf.

Meiden: Blau, Wassersymbole, Metall oder Metallfarben.

Südwesten

Farben: Erdfarben, besonders üppige Terracotta-Töne, mattes Schwarz und Stein/Grau-Beige. Etwas Weiß, Creme, Grau, Metallfarben; Tupfer von Gelb, Rot, Violett (Feuer)

Materialien: Stein, etwas Metall.
Ziergegenstände: Um Liebe und Romantik zu fördern, wählen Sie Bilder von Ihnen und Ihrem Partner (und sonst niemandem) oder von anderen Liebespaaren allein. Oder stellen Sie Ziergegenstände paarweise auf, etwa Kerzen, Rosenquarzkristalle oder Lampen. Sie können auch Symbole für Erde, Liebe und Leidenschaft verwenden.
Meiden: Pflanzen, Grün, Blau, Wasser.

Westen

Farben: Metallfarben, wie Weiß, Creme, Grau; Erdfarben, wie Gelb, Terracotta, Pfirsich, Apricot.
Materialien: Glänzendes Metall; Kupfer und Messing, traditionell als »Energiewandler« bezeichnet, sollen im Westen und Nordwesten besonders wirksam sein.
Ziergegenstände: Abgerundete Metallgegenstände, wie Glocken, Schalen, Vasen; leere Schalen sollten gefüllt werden und enthalten besonders wirksame Energie. Symbole für Spaß, Kreativität und Querdenken, wie Musik, Bücher, surrealistische oder abstrakte Kunst, lustige Bilder. Sie könnten auch ein kleines, Wasser symbolisierendes Bild aufhängen oder einen entsprechenden Gegenstand aufstellen. Um die Fruchtbarkeit zu fördern, setzen Sie leere Schalen oder Bilder von Babys oder Kindern ein.
Meiden: Pflanzen (Holz); Feuerfarben oder -symbole.

Nordwesten

Farben: Metallfarben, wie Weiß, Creme und besonders Silbergrau; einige Erdfarben, etwa Terracotta, Pfirsich, Apricot, Gelb.

Materialien: Metall; Stein, Marmor und Granit sind auch besonders gut.
Ziergegenstände: Symbole für mächtige, hilfreiche Figuren, etwa von Elefanten, Bilder verehrter Führungspersönlichkeiten oder Bilder von spirituellen Wesen wie Engeln.
Meiden: Pflanzen (Holz); Feuerfarben oder -symbole.

Gartenpflanzen für jeden Bagua-Sektor

Im Folgenden mache ich ein paar Vorschläge, welche Pflanzen jeden einzelnen Bagua-Sektor eines Gartens verbessern, und verrate Ihnen, welche Farben und Pflanzen Sie dort eher vermeiden sollten. Es ist günstig, Pflanzen aus einem Bereich in einem anderen passenden Sektor zu wiederholen; so finden die Energien in den unterschiedlichen Bereichen ein »Echo«.

Norden

Pflanzen: Kleine Baumgruppen, *Eucalyptus*, Schwarzblättriger Schlangenbart *(Ophiopogon planiscapus ›Nigrescens‹)*, Strauchveronika *(Hebe)*, Spindelstrauch *(Euonymus ›Silver Queen‹)*, silberne und goldene Thymianarten, Enzian, Greiskraut *(Senecio)*, weiße Clematis, Säckelblume *(Ceanothus)*.
Vermeiden: Feurige Farben, Erdfarben.

Nordosten

Pflanzen: Alpenpflanzen, Kräuter, silberne und goldene Thymianarten, Lavendel, Heiligenkraut, Mexikanische Orangenblume *(Choisya ternata ›Sundance‹)*, Italienische Strohblume, Himalaja-Wolfsmilch *(Euphorbia griffithii ›Fireglow‹)*, Fuchsien, kleine

rote und goldene Sorten von japanischem Ahorn *(Acer palmatum)*
Vermeiden: Wasser, Blau; zu viel Grün, besonders immergrüne Pflanzen.

Osten
Pflanzen: Bambusse, beispielsweise *Fargesia, Phyllostachys*; immergrüne Pflanzen, Zwergkoniferen, wie Bergkiefer *(Pinus mugo ›Mops‹)*, Monterey-Zypresse *(Cupressus macrocarpa ›Goldcrest‹)*; Flieder, Hortensien; Zierapfel, Kirsche; Chrysanthemen, Fuchsien, Narzissen, Sonnenblumen, Mohnblumen.
Vermeiden: Metall, Weiß, Grau; Erdfarben.

Süden
Pflanzen: Immergrüne Pflanzen, rote Sorten von japanischem Ahorn *(Acer palmatum)*, Azaleen, Rhododendren, rote Kamelien, rote Magnolien, Lavendelheide, Mohnblumen, Fuchsien, Himalaja-Wolfsmilch *(Euphorbia griffithii ›Fireglow‹)*, Salbei, Koriander, Akelei, Sonnenblumen; Fackellilien, Narzissen, Stiefmütterchen, Geranien.
Vermeiden: Blau (Wasser); Weiß, Creme, Grau (Metall).

Südwesten
Pflanzen: Rote oder gelbe Sorten von japanischem Ahorn *(Acer palmatum)*, rote Pfingstrosen, auch Beifuß, Lavendel, Greiskraut *(Senecio)*, Heiligenkraut, Italienische Strohblume, Mexikanische Orangenblume *(Choisya ternata ›Sundance‹)*.
Vermeiden: viel Grün (Holz); Wasser, Blau.

> ***Überliefertes***
>
> In China und Japan standen traditionell Birnbäume vor Theatern, und Schauspieler wurden häufig als »Kinder des Birnbaums« bezeichnet. Wenn Sie in der Unterhaltungsbranche oder in den Medien Ihren Weg machen möchten, kann es helfen, einen Birnbaum *(Pyrus)* im Süden, dem Sektor für Ruhm und Ansehen, zu pflanzen.

Westen

Pflanzen: Metallfarben, zum Beispiel Neuseeland-Segge Bronzesorten *(Carex comans ›Bronze‹)*, Klebsame *(Pittosporum tobira)*. Duftlavendel, Heiligenkraut, Geißblatt, Duftwicke, Italienische Strohblume, Mexikanische Orangenblume *(Choisya ternata ›Sundance‹)*, weiße Kamelien, weiße, gelbe oder rosa Azaleen, Schneeball *(Viburnum)*.
Vermeiden: Feuriges Rot und Violett; zu viel Grün.

Nordwesten

Pflanzen: Weiß, Creme, Grau; Metallfarben, z.B. Neuseeland-Seggesorten *(Carex comans ›Bronze‹)*, Klebsame *(Pittosporum tobira)*.
Vermeiden: Viele grüne und immergrüne Pflanzen (Holz); feuriges Rot und Violett.

GLOSSAR

Acht Himmelsrichtungen Die acht Sektoren rund um das *Bagua*: Norden, Nordosten und so weiter. Jede enthält ihre eigene *Chi*-Mischung.

Bagua Achtseitiges Diagramm (der Name bedeutet »acht Formen«), das die *acht Himmelsrichtungen* und das *Tai Chi* zeigt. Umfasst auch die *Trigramme*, Elemente, Farben, Zahlen des *Lo Shu* und Lebensbereiche, die mit jedem Sektor assoziiert sind. Sie legen das Bagua über den Wohnungsgrundriss, um die Energien in einem bestimmten Bereich zu erkennen und damit zu arbeiten.

Chan shih »Schützender Krieger«; jeder Gegenstand, der großen Schutz bieten soll.

Ch'ao ... jih lo »Nest der Schlange, Ruhestätte der Sonne«; eine traditionelle chinesische Bezeichnung für ein Schlafzimmer.

Chi Die natürliche Energie, die alles im Universum umfließt und durchströmt. Alles sendet Chi aus und nimmt Chi auf.

Chia Ein gutes, heimeliges Gefühl.

Chiao ssu »Würgelinien«. Waagrechte Linien, etwa die Kanten von Bücherregalen, Jalousien oder Wäscheleinen, die das Chi stören und zerstreuen.

Chiao te, chiao ta te Das Prinzip »Weniger ist mehr«. Überladen Sie einen Raum nie, übertreiben Sie nie bei Feng-Shui-Maßnahmen.

Chi'i ma yeh chi »Auf dem Phönix reiten«; ein Gleichgewicht der Energien herstellen, aus dem Erfolg und Vollendung erwachsen. Kann auch bedeuten, am südlichen Sektor des *Bagua* zu arbeiten – Himmelsrichtung des Phönix.

Chuang ho hsing yun »Mit Glück beladen«. Im Feng Shui der Idealzustand eines Gebäudes. Oftmals symbolisiert durch einen schön gedeckten Esstisch an einem guten Platz.

Dao Im *Daoismus* das Universum und die Verbindungen zwischen allem, was sich darin befindet, uns eingeschlossen.

Daoismus Eine traditionelle chinesische Philosophie, deren Grundlage die Beziehungen der Menschen zur Welt der Natur bilden. Im Feng Shui entwickelten die Meister des Daoismus die Vorstellung von der Vermischung natürlicher Energien.

Drache Himmelstier des Ostens, dessen Symbolfarbe Grün und dessen Element Holz ist. Der Drache verkörpert *Yang*-Qualitäten: gute Energie, großes Glück und Energiewandlungen. Er soll in welliger, hügeliger Landschaft wohnen und wird mit der linken Seite eines Gartens oder Gebäudes assoziiert.

Erzeugender Atem oder **Atem des Drachen** ***(sheng chi)*** Die perfekte Mischung von *Yin-* und *Yang-Chi*, die schlängelnd, »maßvoll und gewunden« fließt und einen Raum bereichert.

Fa ch'ou wei »muffig«: ein Ausdruck, der für stagnierendes *Yin-Chi* verwendet wird.

Feng Shui Die Verwendung von Licht, Farbe und Objekten zur Verbesserung des *Chi* in einem Bereich. Viele der Symbole und Methoden, die im Feng Shui zur Anwendung kommen, wurden erstmals vor vielen Jahrhunderten in China eingesetzt. Das Prinzip der Mischung verschiedener Energieformen stammt aus dem *Daoismus*.

Formenschule Eine alte Form des Feng Shui, die auf der Analyse landschaftlicher Elemente und auf der Arbeit mit deren Energien beruht.

Fu »Fleischerbeil«: die Bezeichnung für ein L-förmiges Gebäude, das Fehlbereiche aufweist und bei dem das *Tai Chi* (Mitte) mitunter außerhalb der Mauern liegt.

Fünf Elemente Metall, Erde, Feuer, Wasser, Holz. Auch als *wu xing* bezeichnet, »die fünf Dinge, die getan werden«. Die Elemente können einander unterstützen oder unterdrücken; siehe *Nährender Zyklus* und *Schwächender Zyklus*. Jeder *Bagua*-Sektor wird von einem bestimmten Element beherrscht.

Giftpfeile Gerade Linien, Kanten oder Ecken, die übermäßig *Yang*-betonte Energie (siehe *Sha chi*) auf Sie oder Ihr Heim lenken und damit Ihre Energie beeinträchtigen. Dazu gehören spitze Enden an Möbelstücken oder Hausdächern sowie Straßeneinmündungen.

Ho sheng »Gut, fließend«; ein Ausdruck, der manchmal zur Beschreibung von idealem *Chi* verwendet wird.

Hsi mieh »Löscht Feuer«. Beschreibung für eine Maßnahme, mit der sich übermäßig starke Energie lenken lässt; insbesondere die Verwendung von Wassersymbolen zur Beherrschung der Feuerenergie.

Hsiao hua jung i te »Leichte Verdauung«; im Feng Shui Ausdruck für eine perfekte *Chi*-Mischung im Essbereich.

Hsin tsang »Herz des Hauses«; chinesischer Ausdruck für ein Esszimmer.

Hu kung chi »Tiger greift an«; ein Ausdruck für die Schwierigkeiten, die Sie sich einhandeln können, wenn Sie die Energie des Tigers provozieren.

Jen t'zu Das beruhigende *Chi* des nordwestlichen *Bagua*-Sektors, das wie ein »freundlicher, weiser alter Vater« sein soll.

Kompass-Schule Eine alte Form des Feng Shui, bei der man mit dem *Chi* in den acht Haupthimmelsrichtungen arbeitet. Bei dieser Methode kommt ein Kompass (oder ein spezieller, als *Lo Pan* bezeichneter Kompass) zur Erkennung der *Bagua*-Sektoren zur Anwendung.

Kou »Mund«; der traditionelle Name für den Haupteingang eines Hauses oder einer Wohnung, der das Gebäude symbolisch nährt.

Kou chou »Abfluss«. Beschreibt, wie *Chi* durch Abflusslöcher von Badewanne und Waschbecken sowie durch die Toilette aus der Wohnung abfließt und verloren geht.

K'u te ching cheng »Erbitterte Rivalen, zornige Nachbarn«: Gegenstände mit unverträglichen elementaren Energien (siehe *Schwächender Zyklus*), die nebeneinander auftreten oder sich gegenüberliegen, etwa ein Backofen (Feuer) neben der Spüle (Wasser) in einer Küche.

Kuan ch'a chi fu »Beobachten und anwenden«; eines der Urprinzipien des Feng Shui .

Kuang hain fang chih »Platz des leuchtenden Geistes«; ein idealer Arbeits- oder Studierplatz.

K'ung te »Leer« oder »unbenützt«; Ausdruck für einen Fehlbereich in einem Wohnungsgrundriss (siehe Seite 23).

Lien chin shu »Alchemie«; ein sehr alter Ausdruck für die Praxis des Feng Shui. Bezeichnet die *Chi*-Mischung.

Ling hsiu Ein traditioneller Name für den nordwestlichen *Bagua*-Sektor. Der Name bedeutet »Chefposition« oder »Autoritätsbereich«.

Liu tung »Beständig fließend«: ein Ausdruck zur Beschreibung von förderlichem *Chi*.

Lo pan Ein spezieller Kompass, mit dem Feng-Shui-Berater der *Kompass-Schule* die *Bagua*-Sektoren bestimmen.

Lo shu siehe *Magisches Quadrat*.

Magisches Quadrat Name für ein Quadrat, das die Zahlen von 1 bis 9 enthält, wobei jede Zahl einem *Bagua*-Sektor zugeordnet ist und mit dessen elementarer Energie in Zusammenhang steht. Die Zahlen werden auch mit *Yin*- und *Yang*-Energie assoziiert.

Mai pei »Auf dem Rücken des Pferdes«. Dieser Ausdruck besagt, dass eine für einen bestimmten *Bagua*-Sektor geeignete Farbe über oder auf eine »falsche« Farbe gelegt oder gesetzt wird, um die Energien auszugleichen. Die Farbe, die obenauf ist beziehungsweise »auf dem Pferd reitet«, besiegt die Energie der darunter liegenden.

Maßvoll und gewunden So sollte das *Chi* fließen: kurvenreich und weder zu schnell noch zu langsam.

Men kou Eine Bezeichnung für freundliche, einladende Tore.

Nährender Zyklus So nennt man die unterstützende Wechselwirkung zwischen den *Fünf Elementen*, wobei jedes seinen Energieüberschuss an das nächste weitergibt. Die Elemente in diesem Zyklus werden als »freundliche Elemente« *(yu shan te yao su)* bezeichnet.

Neng li shih li »Starke Energie und Macht«; ein perfekter *Chi*-Cocktail.

Pakua siehe *Bagua*.

Pein pu shan te »Verdoppelung der Schlechtigkeit«: die schädliche Wirkung, wenn ein Spiegel etwas Ungünstiges reflektiert, etwa ein Badezimmer. Siehe auch *pu shan te*.

Peng tai »Verband«; Bezeichnung für einen Gegenstand, der über einem anderen angebracht oder gesetzt wird, um das *Chi* in einem *Bagua*-Sektor zu korrigieren. Ein Beispiel wäre ein Spiegel, den man über einen Kamin hängt, um die Feuerenergie zu lenken. Eine andere Methode, »einen Verband anzulegen« wäre, eine richtige Farbe über einer falschen anzubringen; siehe *ma pei*.

Phönix Himmelstier des Südens, dessen Symbolfarbe Rot und dessen Element Feuer ist. Der Phönix verkörpert die perfekte Kombination von *Yin*- und *Yang*-Energie und steht für Erfolg, Begeisterung für das Leben und geistige Stärke. Phönixenergie kann auch von einem Fasan, Pfau, Hahn oder Sperling symbolisiert werden.

Pi shou »Dolch«. Übliche Bezeichnung für eine Wendeltreppe, die das Herz eines Gebäudes »durchbohrt«.

Pu »Einfachheit«. Ein Grundprinzip des *Daoismus* und eines der Hauptziele des Feng Shui.

Pu shan te »Schlechtigkeit«. Bezeichnet die Verschmutzung oder das Abfließen von gutem *Chi* und wird besonders mit dem Badezimmer assoziiert.

Schildkröte Himmelstier des Nordens, dessen Symbolfarbe Schwarz und dessen Element Wasser ist. Als »Schützender Krieger des Nordens« bekannt, symbolisiert Fortschritt und Schutz.

Schwächender Zyklus Nachteilige Wechselwirkung zwischen den *Fünf Elementen*, bei der jedes Element bestimmte andere angreift. Im Feng Shui müssen Kollisionen zwischen Elementen vermieden werden. Sie können den Schwächenden Zyklus jedoch auch einsetzen, um schädliche Energien zu blockieren.

Sha chi Übermäßig *Yang*-betontes *Chi*, das zu schnell durch ein Haus oder daran vorbeifließt und gute Energie mitnimmt.

Sheng chi Siehe *Erzeugender Atem*.

Sheng ming ts'ai fu »Reiches Leben«: nicht nur Wohlstand, sondern auch gute Lebensqualität und starke Beziehungen.

Shih jui li Siehe *Giftpfeile*.

Tai chi Das Zentrum des *Bagua*; auch als »Erde« bezeichnet; der Punkt, an dem sich die unterschiedlichen *Chi*-Energien vermengen. Muss zu allen Zeiten offen und frei gehalten werden.

Tao p'ien »Schneidende Klingen«: die Bezeichnung für Schränke oder Regale, die über einem Bett oder Sessel angebracht sind und die Energie der Person stören, die darunterliegt oder -sitzt.

Tao/Taoismus Siehe *Dao/Daoismus*.

Tiger Himmelstier des Westens, dessen Symbolfarbe Weiß und dessen Element Metall ist. Der Tiger verkörpert *Yin-Chi*, das schöpferisch, aber unberechenbar ist.

Trigramm Zeichen aus drei Linien, das jeweils eine der *Acht Himmelsrichtungen* des *Bagua* darstellt. Die Linien stehen für eine Mischung aus *Yin*- und *Yang*-Energien; *Yin* wird durch eine durchbrochene, *Yang* durch eine durchgehende Linie angezeigt.

Ts'ai fu Siehe *Sheng ming ts'ai fu*.

Tung te »Veränderlich und bewegt«: eine Beschreibung für förderliches *Chi*.

Wing cheh siehe *Kompass-Schule*.

Wu Bezeichnung für einen Zustand der schöpferischen, fruchtbaren Leere; eines der letzten Ziele des *Daoismus*. *Wu* bezeichnet auch eine Gelegenheit, die auf uns wartet. Im Feng Shui wird *Wu* mit Raum und leeren Gefäßen in Zusammenhang gebracht – besonders mit Metallschalen oder -vasen, die man im westlichen oder nordwestlichen *Bagua*-Sektor aufstellt.

Wu xing siehe *Fünf Elemente*.

Yang Die Bezeichnung für starkes, aktives, positives, lebhaftes *Chi*.

Yao sai ch'iang pi »Festungswände«; Gebäude oder Objekte, die zur Abgrenzung bestimmter Bereiche verwendet werden und deren Energien aufnehmen.

Yin Die Bezeichnung für passives, stabiles, stetiges, langsam fließendes *Chi*.

Yu shan te yao su Freundliche Elemente (siehe *Fünf Elemente*), die gemeinsam eingesetzt werden können, um hilfreiches *Chi* zu stärken; siehe *Nährender Zyklus*.

DANK

Dieses Buch wäre nicht ohne die Hilfe und Unterstützung zahlreicher Menschen entstanden. Mein Dank geht deshalb an:

Martin Shaw, meinen sehr lieben Freund, der mir half, Dinge zu Ende zu denken. Er ist ein weiser, spiritueller und sanfter Mensch; wir gehen denselben Weg!

Der Gruß »Namaste« gilt meinen Meistern, Lehrern und Gurus – Sai Baba, Meister Li, Thubten Gyatso, Maitreya und Lilian Too; und Annie, Kris, Kerry, Sally, Tom, Jodie, Keira, Evelyn und George!

Ich danke allen bei dbp für ihre Freundlichkeit, Fürsorge und ihr Verständnis, besonders Bob, meinem Vogelfreund-Kollegen, der dieselbe Vision von dem Buch hatte wie ich; Kelly, meiner irisch-galaktischen Prinzessin, die das Buch zum Leben erweckte; und Katie, genannt »Grashüpfer«, die mir eine riesige Hilfe war, indem sie die richtigen Fragen zum richtigen Zeitpunkt stellte.

Ferner danke ich jedem, der mich – per E-Mail, Brief, persönlich oder telefonisch – nach Feng Shui gefragt hat. Für all diese Menschen wurde dieses Buch geschrieben – als Antwort auf ihre Fragen.

REGISTER